Liebeszauber

Das Buch

Fehlt Ihnen eine neue Liebe? Oder wollen Sie die alte etwas auffrischen? Oder denken Sie daran, eine ungute Beziehung endlich zu beenden? Was immer Sie in Bezug auf das größte und schönste aller Gefühle vorhaben – mit Unterstützung der Magie wird es sich zu wahrem Glück für Sie und Ihre Partner entwickeln. Silver Raven Wolf übergibt Ihnen mit diesem Buch eine reiche Palette an Zaubersprüchen und Ritualen rund um die Liebe. Die genauen Erläuterungen helfen Ihnen, bald die ersten Ergebnisse zu sehen und – zu fühlen.

Die Autorin

Silver Raven Wolf ist eine Wicca-Priesterin und Clanchefin der Black Forest Family, zu der elf Covens in acht US-Bundesstaaten gehören. Sie hält zahlreiche Seminare und Vorlesungen über Zauberreligionen und -praktiken. Zudem ist sie Mutter von vier Teenagern. Silver Raven Wolfs Bücher erreichten in Amerika bereits eine Millionenauflage.

Von der Autorin ist in unserem Hause bereits erschienen:

Geldzauber

Silver Raven Wolf

Liebeszauber

Magische Tipps für die wahre Liebe

Aus dem Amerikanischen von Heike Rosbach

Econ Taschenbuch

Diese Ausgabe entstand durch die Vermittlung von
Jürgen P. Lipp und Jürgen Mellmann.

Econ Taschenbücher erscheinen im Ullstein Taschenbuchverlag,
einem Unternehmen der Econ Ullstein List Verlag GmbH & Co. KG, München

Deutsche Erstausgabe
1. Auflage 2002

Titel der amerikanischen Originalausgabe: Silver's Spells for Love
(Llewellyn Publications, St. Paul, MN 55164, USA)
Übersetzung: Heike Rosbach, Nürnberg
Redaktion: Birgit Förster, Köln

Umschlagkonzept: HildenDesign, München – Stefan Hilden
Umschlaggestaltung: HildenDesign, München – Tracey Bushman
Titelabbildung: Frank Nikolaus, München
Satz: Schaber Satz- und Datentechnik, Wels
Druck und Bindearbeiten: Ebner Ulm
Printed in Germany
ISBN 3-548-74057-X

Dieses Buch ist gewidmet:
Mike Trayer, meinem mich nunmehr seit zwanzig Jahren liebenden Mann, und Ray Malbrough, ohne dessen Hilfe ich dieses Buch nie hätte schreiben können.

Inhalt

Einführung 13

1. Wie du am besten vorgehst 15
Zauberei + Liebe + Liebeszauber + Andere nützliche Dinge + Korrespondenzen + Timing + Der magische Kreis + Einen spirituellen Plan entwerfen

2. Wie du dir Liebe beschaffst 29
Schwanen-Liebeswasser + Liebe herunterziehen + Der Liebesaltar oder -schrein + Weihung des Liebesaltars oder -schreins + Kolibri-Zauber + Morganas Kräuter-Liebeszauber + Aphrodites aphrodisisches Räucherwerk + Lord Byrons Liebe anziehende Kräutermischung + Lust-Pulver oder -Räucherwerk + Silbernes Hexenpulver + Portugiesisches Liebe anziehendes Pulver + »Komm, spring mich an«-Öl + Ray Malbroughs Verführungsöl + Inas Liebesöl + Liebe anziehendes Eau de Cologne + Hathors Spiegel + Liebeszauber mit verbundenen Kerzen + Quickies fürs Selbstwertgefühl + Freundschaftsstock + Sanfte Brise für die Liebe + Königin-der-Liebe-Zauber + Zukunftszauber + Hexenzeichen für Liebe und Romanzen + Das Netz der Liebe + Abendmahl der Liebe + Shakespearescher Liebeszauber mit Kerze und Kessel + Sieben-Knoten-Liebeszauber + Der Zauber der Yemaya + Liebesapfel-Zauber für einen Traumgeliebten + »Zu beschäftigt für die Liebe?«-Zauberspruch + Persönlichkeitszauber + Kreis der Schönheit + Willst du sexy sein? + Sieben-Tage-Liebeszauber +

Venus-Geist-Topf + Zauberspruch für ein liebevolles Haustier + Zauber für den Traumjob + Mai-Liebeswasser + Persönliches Liebespüppchen + Liebesmagnet-Badesalz + All You Need Is Love + Kater-Trank (Nur für Jungs) + Ich hab's nötig (Für Jungs und Mädchen!) + Liebeszauber für Verstorbene + Kiponas selbst gemachte Zauberkerze für mehr Pep + Ritual für den perfekten Partner + Zauberspruch für die Liebe + Liebeszauber der Schwarzen Madonna + Wie man eine/n frühere/n Geliebte/n wiederfindet

3. **Wie du dir die Liebe erhältst** 109
Die Aura für die Liebe programmieren + Der Liebesgarten + Kristall-Liebeszauber + Liebesperlen + Liebes-Zauberformeln mit Kräutern + Liebeszauber für ein Kind + Liebende Freunde halten + Zauber für lustvolle Nächte + Jahreszeiten-Liebeszauber + Liebeszauber für Computerfreaks + Liebesplunder: Gib ihn weg, bevor du stirbst + Drachenherz-Zauber zum Festhalten der Liebe + Liebesauge + Liebe vergrößern + Zauberkugel zur Aufrechterhaltung der Liebe + Ehezauber + Die Wogen glätten + Im Anschluss an einen Streit! + Liebeslaternen-Zauber + Der Zauber der Bast + Liebeslied-Zauber + Zauber für ein perfektes Date + Kartenlegen für die Liebe + Liebe heilendes Räucherwerk + Zur Klärung strittiger Punkte in einer getrübten Beziehung + Volkszauber, um deinen Partner von Seitensprüngen abzuhalten + Liebeszauber für Streuner + »Komm zurück zu mir«-Zauber + »Komm, spring mich an«-Zauber + Liebeswein + Zauber, um den Griff dieser klebrigen Finger zu lockern + Schub für die eigene Macht in einer beruflichen Beziehung + Wenn der Partner wie ein Wilder dein Bankkonto abräumt + Zauber gegen Couch

potatoes + Apfelzauber für unsterbliche Liebe + Neujahrs-Schneezauber zur Wiederbelebung einer alten Liebe + Zauber zur Empfängnis eines magischen Babys + Neuer Schwung für eine eingefahrene Beziehung + Attraktivitätszauber + »Nimm Notiz von mir«-Zauber + Niemand liebt mich + Vom Umgang mit Emotionen + Schutz im Straßenverkehr + Auf direktem Weg zurück! + Ist dein/e Geliebte/r aufrichtig? + Liebe und Astrologie + Glücksmaß-Zauber + Liebespraktiken des pennsylvania-deutschen Pow-Wow + Alphabetzauber

4. Wie du die Liebe abschüttelst 177
Wie man einen Liebeszauber bricht + Zurückgeschossener Liebhaber + Liebe auflösender oder heilender Zauberspruch + Einen Zauber brechen, der zur Ehe (oder einer anderen vertraglich abgesicherten Partnerschaft) führte + Toilettenzauber + Oh, du Betrüger + Diese verzauberten »Boots Are Made For Walkin'« + Oh, diese schrecklichen Leute! + Liebe reinigende Zeremonie nach einer Scheidung + Allgemeines Ritual zum Loslassen

Epilog 199

ANHÄNGE

Anhang 1: Pflanzentafeln 202

Anhang 2: Magische Wochentage für die Liebe 203

Anhang 3: Farben der Wochentage 204

Anhang 4: Astrologische Liebessymbole 205

Anhang 5: Die Planetenstunden 206

Anhang 6: Mondphasen 211

Bibliographie 217

Register 219

Frage:
»Und was für Hilfsmittel bringst du mit?«

Antwort:
»Mein wahres Selbst.«

Einführung

»All you need is love – Alles, was du brauchst, ist Liebe ...« oder so ähnlich schallt es uns aus zahllosen Liedern, Gedichten, Romanen und Sachbüchern der Kategorie »Wie man ...« entgegen, und dann wird uns erzählt, wie man Liebe bekommt, sie sich erhält, sie wieder loswird und wie sehr man sich nach ihr verzehrt. Man könnte meinen, bei der Unmenge an Informationen, die zum Thema Liebe durch die Luft schwirren, hätte die Menschheit diese flüchtige Substanz recht gut im Griff.

Äh ... das ist jedoch leider nicht der Fall.

Liebe. Ein einfaches Wort mit fünf Buchstaben. Die Liebe kann uns zu den Sternen emporschießen oder in tiefste Verzweiflung stürzen. Lieben – manchmal als Substantiv, manchmal als Verb in Gebrauch. Oh, da stehen wir schon vor einem Problem! Man nehme noch den Begriff Emotionen dazu und schon haben wir ein Gebräu voller bizarrer Zutaten. Es gibt kein hundertprozentig wirksames Mittel für die Liebe. (Manchmal ist sie nachgerade ein Missbehagen oder eine Krankheit, das kann ich beschwören!) Von der puren Leidenschaft bis hin zu Psychospielchen kann jeder von uns eine Vielzahl an Erfahrungen durchmachen, wenn sein Herz einmal entflammt ist und stürmisch pocht. Die Liebe kann uns für Monate, manchmal sogar für Jahre ins Torkeln bringen und in einem Meer des Was-hätte-sein-Können treiben lassen oder uns einfach nur lächelnd und schwerelos in der Erinnerung an einen Augenblick der Ekstase schwelgen lassen.

Mick und ich sind seit zwanzig Jahren miteinander verheiratet. Noch amüsanter und bemerkenswerter ist jedoch: Wir sind nach wie vor zusammen und reden immer noch miteinander. Von der Ehe einmal abgesehen, gibt es noch alle möglichen anderen Formen von Liebesbeziehungen, etwa zu den Eltern, Geschwistern, Kindern, Lebensgefährten, Freunden, Lehrern und Haustieren. Die Liebe ist eine ewige und unendliche Energie, die sich auf Menschen, Orte und Dinge richten kann. Die Liebe, das bist du.

Und die Zauberei in diesem kleinen Buch?

Wieso ... das ist Liebe.

1

Wie du am besten vorgehst

Stell dir vor, ich sitze in einem schicken Sommerkleid auf der Schaukel meiner Veranda (mit der Visualisierung ist das Spiel schon halb gewonnen), nippe an einem großen Becher Eistee und wedle sanft mit einem aufwändig verzierten Elfenbeinfächer. Ich beuge mich vor, um dir die Geheimnisse des *enchante l'amour* zu eröffnen, und sage (mit bittersüßer Betonung): »Einfach nur zu einem Buch mit Liebeszaubersprüchen zu greifen wird die Mechanismen deines Herzens nicht richtig einstellen.« Ich lehne mich wieder zurück. »Nein. Für Liebe und Magie bedarf es der Anstrengung. (Eingeschobenes Schnurren.) Hier, mein Liebling, das sind die Spielregeln ...«

Zauberei

- Zauberei ist die Kunst und Wissenschaft von der Umwandlung der Gedanken in eine Form mit Hilfe des eigenen Glaubens und der Göttlichkeit. Das heißt, du kannst jede Gottheit deiner Wahl einbinden. Ein Zauberspruch ist mit einem Rezept vergleichbar – es ist egal, ob du Markenartikel (wie etwa in deiner Vorstellung von Religion) nimmst, und es steht dir frei, jede der aufgelisteten Ingredienzen gegen eine andere auszutauschen.

- Jeder positive Zauber soll eine Balance schaffen. Wenn die Dinge in deinem Liebesleben wirklich aus dem Gleichgewicht geraten sind und du beschließt, bei deinem Gesamtplan zur Veränderung auch die Zauberei mit einzubeziehen, so kannst du damit rechnen, dass sich einige wichtige Dinge ereignen werden.
- Sei vorsichtig mit dem, was du dir wünschst – du könntest es bekommen!
- Die Zauberei verlangt, dass du bereit bist, deine Lebensweise zu ändern, besonders wenn es um Zaubersprüche in Herzensangelegenheiten geht. Das bedeutet, der Liebeszauber zwingt dich, alles Notwendige zu unternehmen, um dich selbst zu ändern, auf dass du ein begehrenswerterer Mensch wirst (besser bekannt als Änderung der Einstellung!). Ein Deo zu verwenden und täglich zu duschen ist natürlich auch ganz hilfreich.
- Falls dein Zauber fehlschlägt, so rapple dich wieder hoch und probiere eine andere Taktik aus. Wir wissen nicht immer, was am besten für uns ist, und manchmal gibt uns der Geist einen festen Tritt und einen Schubs oder auch zwei, damit wir uns für unsere Mission im Leben in die richtige Richtung drehen. He, das kommt vor.
- Benutze die Zauberei nie, nie, nie dazu, den freien Willen eines anderen Menschen zu manipulieren. Richtig. Das heißt, du kannst nicht Michael oder Lori mit einem Zauber belegen, damit sie sich leidenschaftlich in dich verlieben. Das Universum hat die Möglichkeit, dir auf die Finger zu klopfen, wenn du nicht auf seinen Rat hörst. Bevor du nun das Buch zuklappst und sagst: »Na, das war's! Kaufe ich eben ein Buch, das mir erklärt, wie ich jemanden dazu bringen kann, mich zu lieben« – denk noch einmal nach (bitte). Ich habe viele Jahre der Zauberei auf dem Buckel und ich habe eine Menge an Hokus-Pokus-Schla-

massel gesehen, den Leute angerichtet haben, die beim Zaubern nicht mit ihrem Kopf, sondern mit anderen Teilen ihrer Anatomie gedacht haben. Tu dir selbst einen Gefallen: Halte dich an die Regeln.

- Bei einem Zauberspruch ist es nicht so sehr entscheidend, wie kompliziert er ist, sondern mit wie viel *Finesse* er ausgeführt wird.
- Je nach deinem eigenen Kenntnisstand fällt der durchgeführte Zauber entweder in die Kategorie des Anfängers oder des Fortgeschrittenen. Du wirst zu dem, was du zauberst. Denk darüber nach.

Liebe

Hier habe ich ein paar allgemeine Hinweise für dich, die Herzensangelegenheiten betreffen. Es sind (wenn du so willst) Gebrauchsanweisungen, die sich beim Zaubern bewährt haben.

- Menschen kann man nicht besitzen. Sie sind niemandes Eigentum. Ab und zu vergessen wir das, wenn wir in Situationen stecken, die unser Herz aufwühlen.
- Die Beziehung zu einem anderen Menschen steht nie still. Alle Beziehungen verändern sich, da wir reifer werden und neue Erfahrungen machen. Im Laufe der Zeit gerät in jeder Beziehung die Energie in Bewegung, sie wächst und verändert sich und manchmal verschwindet sie auch.
- Die anderen sind auch nur Menschen. Selbst wenn du nach Perfektion strebst, so wirst du sie auf Erden doch nie erreichen. Menschen sind fehlbar. Das heißt, jede Beziehung, die du eingehst, erfordert Verantwortungsgefühl und Einsatz, damit sie im Kern gesund bleibt.

- Nicht all deine Beziehungen werden so liebevoll sein, wie du es vielleicht gerne hättest. Lerne, die Nuancen des menschlichen Verhaltens zu erkennen und die Gefühle der anderen zu respektieren.
- Du kannst einen anderen Menschen nicht zwingen, sein Verhalten zu ändern.
- Genauso wenig kannst du jemanden zwingen, dich zu mögen oder zu lieben. Jeder Mensch, ob er nun in einer sexuellen oder einer geschäftlichen Beziehung steckt, hat das Recht auf seinen freien Willen.
- Für die wahre Liebe gibt es unendlich viele Definitionen. Jeder Mensch hat eine eigene Vorstellung von Liebe. Du glaubst vielleicht, die Zeichen von wahrer Liebe seien Mondschein und Rosen, und der andere meint, es seien Eintrittskarten für die Oper oder die Hockey-Playoffrunden. Meinem Mann fiel es sehr schwer zu begreifen, dass er sich die schicke Bettwäsche, die kitschigen Karten und die Blumen ruhig sparen konnte – wenn er mir nur eine Spülmaschine kaufte. Andere Frauen würden aber wohl Ersteres vorziehen. Glücklicherweise sind wir beide uns einig, dass Liebe Stabilität bedeutet – aber es gibt viele Leute, die einen eher schnelleren, von Freiheit erfüllten Lebensstil bevorzugen oder das beiderseitige Glück auf dem Betrag ihres Bankkontos aufbauen würden. Keine dieser Vorstellungen von Liebe ist falsch, sie sind nur unterschiedlich.

Liebeszauber

Als ich zaubern lernte, gaben mir meine Lehrer zwei wichtige Ratschläge zum Wesen des Liebeszaubers mit auf den Weg:

- Er wirkt nur vorübergehend. Die Liebe selbst durchläuft in einer Beziehung zu viele Phasen, als dass es einen Zauber, der auf alles passt, geben könnte. Der Liebeszauber soll dich in die richtige Richtung bringen, und er ist nicht dazu gedacht, andere zu entmachten. Betrachte den Liebeszauber als Feuerzeugbenzin und geh mit ihm genauso verantwortungsvoll um wie mit diesem leicht entflammbaren Stoff. Tust du das nicht, so kannst du davon ausgehen, dass dir die Arbeit mitten ins Gesicht explodiert. Die Zaubersprüche sollen lediglich das natürliche Feuer der Natur entfachen. Du musst dich geistig wie körperlich anstrengen (wie in jeder anderen Beziehung auch), wenn du durchschlagenden Erfolg haben willst.
- Die guten Liebeszaubersprüche, jene, die zu einer dauerhaften Beziehung führen können, wirken langsam. Wie ein delikater Wein muss die Energie zunächst reifen und subtil darauf hinwirken, letztlich Zufriedenheit zu schaffen. Wenn du leicht ungeduldig wirst, so solltest du an diesem Aspekt deiner Persönlichkeit arbeiten, bevor du beginnst, auf der Suche nach deinem Seelenverwandten durch das Universum zu zappen.

Andere nützliche Dinge

Jene unter euch, die schon sehr erfahren im Zaubern sind oder bereits andere Bücher von mir gelesen haben, können die nächsten vier Abschnitte über Korrespondenzen, Timing, den magischen Kreis und den Entwurf eines spirituellen Plans überspringen. Wenn du jedoch zum ersten Mal in die Welt der Magie eintrittst oder noch wenig Erfahrung damit hast, wie sich Zaubersprüche manifestieren, so wirst du die folgenden vier Abschnitte vielleicht hilfreich finden.

Korrespondenzen

Die meisten Zaubersprüche arbeiten mit Korrespondenzen. Das sind Dinge oder Energien, die sich auf den Fokus des Themas beziehen. In diesem Buch liegt unser Augenmerk auf der Liebe. Bei jedem Zauber führe ich verschiedene Korrespondenzen an. In den Anhängen findest du auch einige Listen mit Alternativen, die dir (wenn du den Mut dazu hast) beim Erfinden deiner eigenen Zaubersprüche helfen können.

Zu den Korrespondenzen zählen: Planetenstunden, Gottheiten, Kräuter, Öle, die Grundzüge der Astrologie, Engel, Totemtiere, Zauberalphabete, Mondphasen, Farben und Elemente. Du musst natürlich nicht alle Korrespondenzen verwenden, die ich in einem Spruch anführe. Wenn du mit Engeln nichts anfangen kannst, dann beziehe sie nicht ein. Wenn du nicht besonders gerne mit Pflanzenenergien arbeitest, dann lass sie weg. Auch andere Zusammensetzungen sind erlaubt. Ich präsentiere dir lediglich eine große Bandbreite an Möglichkeiten, die bei mir funktioniert haben.

Timing

Viele Hexen richten sich beim Zaubern nach den Mondphasen. Es gibt zwar acht verschiedene, aber wir werden hauptsächlich mit den folgenden fünf Phasen arbeiten:

Neumond – Neubeginn
Vollmond – Macht/Kraft
Dunkelmond – Bannung
Zunehmender Mond – Aufbauen
Abnehmender Mond – Überarbeiten oder wieder aufbauen

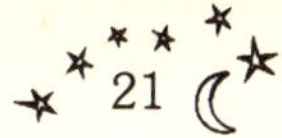

Wie lange wird es dauern, bis sich dein Zauber manifestiert? Wie lange wirst du warten müssen, bis etwas geschieht? Du wirst so lange warten müssen, wie es nötig ist. Zieh nicht so ein langes Gesicht! Hier ein paar Richtlinien zum Timing:

- Die Magie geht den Weg des geringsten Widerstands. Wenn du also keinen besonderen Grund hast, den Zauber auf einen bestimmten Gedanken auszurichten, dann lass ihn einfach laufen. Je mehr Blockaden du der Manifestation in den Weg stellst, desto länger wird es dauern, bis etwas geschieht. Das soll allerdings nicht heißen, dass du deine Bitte ungenau und nachlässig formulieren darfst.
- Kleine Ziele manifestieren sich normalerweise (aber nicht immer) schneller als große. Wenn du dir zum Beispiel faszinierende Schönheit herbeizauberst, um dich bei einem Vorstellungsgespräch von deiner besten Seite zeigen zu können, so wirkt der Zauber sofort. Aber die Arbeit an einer umfassenden Änderung deiner Psyche, bei der auch deine persönliche Spiritualität verstärkt werden soll, kann Wochen, vielleicht sogar Monate oder Jahre dauern. Normalerweise manifestieren sich kleine Ziele in einem Zeitraum von vierundzwanzig Stunden bis zu dreißig Tagen (oder innerhalb eines vollen Mondzyklus). Wenn du dein kleines Ziel innerhalb von dreißig Tagen nicht erreicht hast, beginnst du wieder von vorne. Hexen nennen diese Technik »Von Mond zu Mond«, da der Zyklus von einem Vollmond zum nächsten (oder von einem Neumond zum nächsten) ungefähr achtundzwanzig Tage umfasst.
- Größere Ziele erfordern einen mehrstufigen Aufbau deiner Zaubertechnik. Es kann notwendig sein, jede Woche eine andere Art von Zauberei zu betreiben, um dein übergeordnetes Ziel zu erreichen.

- Situationen, die aus zwei oder drei Bestandteilen bestehen, müssen getrennt und unabhängig voneinander angegangen werden, erst danach sollte man am übergeordneten Ziel arbeiten. Die Planung einer Hochzeit beispielsweise zieht sich über mehrere Monate hin (so du nicht gleich durchbrennst). Du möchtest vielleicht auf unterschiedlichen Gebieten Magie einsetzen, um sicherzustellen, dass es ein glücklicher Tag wird. Dazu unterteilst du das Ereignis in folgende Kategorien: das richtige Kleid finden, Catering, Kirche, Veranstaltungsort, Farbschema, Blumenarrangements, Einladungen; die Gästeliste überlegt zusammenstellen; am Selbstwertgefühl arbeiten und in der stressigen Planungszeit meditieren; Negativität verbannen, den passenden Tag und die richtige Uhrzeit wählen; etc.
- Die alten Lehrer rieten: »Sprich einen Zauberspruch und dann vergiss ihn.« Sie meinten damit: Sag einen Spruch, aber mach dir keine großen Gedanken darum. Wenn man negative Gedanken in die Zauberarbeit einfließen lässt, torpediert man das angestrebte Ziel. Wenn du dir Gedanken über die Manifestation des Zaubers machst, dann legst du ihr Blockaden in den Weg. Mehrstufig aufgebaute Zaubersprüche sind eine andere Sache.

Denk immer daran, dass beim Zaubern deine Aufrichtigkeit und deine Bedürfnisse von entscheidender Bedeutung sind. Wenn heute Mittwoch ist und der Zauber an einem Samstag abgeschlossen werden muss, du den Zauber aber unbedingt heute brauchst, dann nichts wie los, führe ihn aus. Wenn du für den Zauber etwas benötigst, was du nicht vorrätig hast, so ist das kein Problem. Nimm stattdessen einfach etwas anderes.

Der magische Kreis

Viele, die die Zauberkunst praktizieren, arbeiten lieber im Innern eines magischen Kreises. Mir fällt auf, dass viele Volkszauber diese kleine zusätzliche Hilfe nicht erwähnen, und als ich die Geschichte der Zauberei erforschte, stellte ich fest, dass unsere Vorfahren davon ausgingen, dem Lehrling sei bereits beigebracht worden, wie Utensilien gereinigt, geladen und ermächtigt werden und wie man einen Kreis zieht. Deshalb kamen sie in ihren Texten nicht darauf zu sprechen (denn die Niederschriften waren nicht für die Allgemeinheit, sondern nur für die Augen des Lehrlings bestimmt). Als das Wissen von den Eingeweihten an die Nichteingeweihten weitergegeben wurde, gingen die Idee des magischen Kreises und die anderen guten Dinge, die ich bereits erwähnte, verloren. Die Allgemeinheit nahm deshalb an, mehr sei an dem Ganzen nicht dran.

Der magische Kreis erfüllt eine Vielzahl von Funktionen (wenngleich die Zauberer unterschiedliche Ansichten vertreten, was den Zweck des Kreises anbelangt, aber in diese Frage wollen wir uns hier nicht vertiefen). Allgemeine Übereinstimmung herrscht jedoch darüber, dass der magische Kreis es ermöglicht, die eigenen Energien in einer gereinigten Umgebung zu fokussieren. Dadurch erhöht sich die Macht der im Kreis enthaltenen Energien, und man bekommt eine feste Grundlage, auf der man seine Aktivitäten aufbauen kann. Außerdem heißt es, dass der magische Kreis unerwünschte negative Energien fern hält und nur die hineinlässt, die man ruft. Je länger du die Kunst des Kreis-Ziehens praktizierst, desto besser wirst du in deinem Tun und in der Visualisierung werden und desto mehr Macht wirst du schließlich ausüben können.

Damit kommen wir zu einem Zauberspruch für den magischen Kreis, den David Norris verfasst hat und der speziell für den Liebeszauber benutzt wird. Anmerkung: Einige Sprachstile besitzen einen Rhythmus, der uns hilft, diesen heiligen Ort in Gedanken zu betreten. Wähle die Worte so, wie sie am besten zu dir passen. Im vorliegenden Fall verwenden wir einige Wörter und Formulierungen, die den Sprachstil widerspiegeln, den viele von uns mit Spiritualität verbinden.

Manchmal können diese Worte ein Katalysator sein, mit dessen Hilfe wir leichter in den von uns geschaffenen heiligen Ort eintreten. Wenn der Kreis gezogen ist, wirst du ihn dreimal umrunden, für jede der ersten drei Strophen einmal. Die Zeilen lesen sich so, dass sie einen Energierhythmus erzeugen. Dieser Rhythmus ändert sich bewusst an dem Punkt, an dem du die Gottes- und Göttinnenenergien herbeirufst. Dieser Rhythmuswechsel ist vergleichbar damit, wenn ein Musiker eine Note hält, bevor der nächste Abschnitt beginnt. Der proklamatorische Rhythmus am Ende stellt sicher, dass der Kreis versiegelt ist und die Schwingung des Zaubers anhält. Liebe ist Energie und Schwingung. Der Rhythmus, den du beim Sprechen dieser Kreisformel kreierst, kann dir dabei helfen, einen strahlend hellen Kreis positiver vibrierender Energie zu visualisieren, der tatsächlich »lebendig« ist.

Ich beschwöre dich, Sternenstaubkreis,
du Lichtstrahl von Sternen und Sonnen,
ich ziehe, mich sicher zu umfangen, dich rund,
der ew'ge Zauber hat begonnen.
Ich beschwöre dich ein zweites Mal,
das Mondlicht nun, den Kreis zu ziehen rund,
O Macht der Gezeiten und der Liebe tiefe Strömung,
Ich zeichne euch auf diesen ebenen Grund.
Ich ziehe zum dritten Mal den flammenden Kreis,
O Feuer der Liebe, beschütze mich hier.

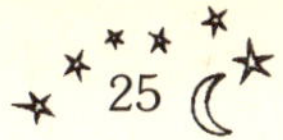

Ich rufe aufrichtige Zuneigung herbei,
und in deinem Lichte erscheint ganz klar sie mir.
Weiht diesen Ort mit dem Feuer
weiht ihn mit des Wassers Wellen
weiht ihn mit der Erde tiefem Mysterium,
weiht ihn mit den Winden, die anschwellen.
In Seinem Namen, der entfacht
in Seinen Lenden das heilige Funkeln,
in Ihrem Namen, die trägt
den Samen des Zaubers im Dunkeln,
im Namen der umfangenden Liebenden,
den Gebärern des ewigen Lebens,
ziehe ich den alles beschützenden Kreis,
in dem die Liebe geboren mit Ihrem Licht.
Der Kreis ist nun dreimal versiegelt.
In ihm sich alle Wahrheit spiegelt.
Es herrsche Liebe hier in Harmonie
und halte allen Schaden fern von mir.
Wie ihr es wollt, so es sei.
Der Kreis ist versiegelt durch die Macht der Drei!

Intoniere die Worte, während du im Uhrzeigersinn im Zimmer den Kreis abschreitest (oder um eine Fläche außerhalb des Hauses), halte dabei deine dominante Hand nach außen und nach unten und ziehe mit dem Finger einen imaginären Kreis. Geh den Kreis dreimal ab (oder einmal, wenn du es so gelernt hast), dann stampfe mit dem Fuß auf, um den Kreis zu versiegeln. Wenn du den Kreis wieder aufheben willst, gehst du ihn einfach dreimal entgegen dem Uhrzeigersinn ab.

Einen spirituellen Plan entwerfen

Mit Zauberei an ein Problem heranzugehen oder ein Ziel anzusteuern ist nicht immer die ultimative Lösung. Zauberer denken sorgfältig nach, bevor sie sich für eine Zaubertechnik oder einen Zauberspruch entscheiden. Du musst dir einen umfassenden Aktionsplan überlegen, in dem die Zauberei nur einen von mehreren Bestandteilen darstellt. Ja, ein Zauberspruch kann in wenigen Minuten gesprochen und ein Gebet in ein oder zwei Sekunden gemurmelt sein, doch ohne einen vollständigen spirituellen Plan wirfst du möglicherweise Schneeflocken ins Lagerfeuer. Zu einem kompletten spirituellen Plan gehört:

- Logisches Nachdenken über das Ziel und die Situation.
- Der Aufbau einer positiven Verstärkung um dich herum.
- Die Überlegung, wie deine Aktionen, die magischen wie die profanen, das Ergebnis des Zieles, die Situation oder andere Leute beeinflussen.
- Die Neuprogrammierung deines Verstands, so dass er Erfolg durch Nachdenken, Worte und Taten akzeptiert.
- Die möglichst starke Einbindung des Geistes in das, was du tust.
- Die Auflistung der magischen und profanen Aktionen, die für die Manifestation deines Ziels notwendig sind.
- Die Auflistung aller an dem Schauspiel beteiligten Akteure und der Art, wie sie deiner Meinung nach zu der gegebenen Situation in Beziehung stehen (oder auch nicht). Das ist besonders wichtig, wenn wir uns einer Aufgabe gegenüber sehen, bei der ein Schutzzauber erforderlich ist, wie etwa bei einer in die Brüche gegangenen Liebe.

Das soll nicht heißen, dass Last-Minute-Zauberei nicht funktioniert (das tut sie sehr wohl), aber ehrlich gesagt, je mehr Übung du im Zaubern hast, desto besser und schneller wirst du werden. Wie bei allem anderen auch musst du ernsthaft üben, wenn du ein Meister werden willst. Warnung: Mit einer Laissez-faire-Haltung kannst du in diesem brodelnden Kessel, den wir Liebe nennen, schlicht bei lebendigem Leib verkocht werden.

Ich weiß, all dies erscheint ein bisschen kompliziert für einen simplen Zauberspruch, aber wenn wir lernen klug zu planen, sind unsere Erfolgschancen größer. Genau wie in meinen anderen Büchern lassen sich viele der hier angeführten Zauber miteinander verbinden, so dass du mit ihnen einen spirituellen Gesamtplan entwerfen kannst.

Okay! Mache in die Luft das Zeichen des bannenden Pentagramms mit fünf kräftigen Fingerschnipsern für jeden Punkt plus einem weiteren Schnipser für den umgebenden Kreis. Hänge ein Schulternzucken und einen Hüftschwung dran, und wir sind gerüstet, die Feinheiten der Liebe zu erkunden! Der nachfolgende Teil des Buches besteht aus drei Kapiteln: »Wie du dir Liebe beschaffst«, »Wie du dir die Liebe erhältst« und »Wie du die Liebe abschüttelst«. Wenn du erst kürzlich eine böse Enttäuschung erlebt hast, rate ich dir, zunächst das Kapitel »Wie du die Liebe abschüttelst« zu lesen; dort wirst du Anregungen finden, wie du die Energien einer alten Beziehung lahm legen und Kummer bewältigen kannst, sowie allgemeine Reinigungstipps, mit denen du mental wie magisch einer neuen Liebe den Weg bereiten kannst. Wenn du jedoch für ein neues Glück bereit bist, dann lass uns jetzt damit beginnen, Liebe in dein Leben zu bringen!

Bannendes Pentagramm

2

Wie du dir Liebe beschaffst

Liebe ist Magie und Magie ist Liebe. Was bringst du zum Festmahl der Liebe mit? Welche Art von Fest erwartest du? Was bedeutet Liebe für dich? Wie reagierst du, wenn dir das Geschenk der Liebe, des machtvollsten Elixiers im Universum, gemacht wird? Auf all diese Fragen musst du eine Antwort finden, bevor du mit einem Zauber beginnst, der dir Liebe bringen soll. Liebe ist nicht nur ein Wort, ein Zaubertrank oder auch nur ein Wunsch – Liebe ist ewige Energie. Liebe ist ein bedingungsloses Geschenk.

Schwanen-Liebeswasser

In der keltischen Mythologie wurde der Zeremonialumhang des Barden *(tugen)* aus Schwanenfedern gefertigt, da dieser Vogel mit der Liebe und Macht der Worte und der Musik assoziiert war. Wegen seiner Verbindung zum heidnischen Fest Samhain symbolisiert der Schwan auch die Schwelle zwischen den Welten.[1]

---

1 Carr-Gomm, Philipp und Stephanie: *Das keltische Tierorakel.* Braunschweig, Aurum Verlag, 1998.)

Mit diesem Zauberspruch wollen wir die Liebe, Anmut und natürliche Schönheit des Schwans in dein Heim bringen, doch dafür ist zunächst einmal eine sorgfältige Reinigung deiner Umgebung nötig. Ich weiß, Putzen ist grässlich, aber mit dieser magischen Heldentat gibst du nicht nur der Liebe, die auf dich wartet, grünes Licht. Ich wette, du findest auch etwas wieder, das du letzte Woche (oder gar letztes Jahr) verloren hast! Gönne deiner Umgebung eine gründliche Reinigung und nimm danach ein spirituelles Bad oder eine spirituelle Dusche. Rühre anschließend diesen kleinen Trank an und fülle ihn in einen Zerstäuber.

Benötigte Materialien: 1 Liter Quellwasser; eine durchsichtige leere Schüssel mit 2 Litern Fassungsvermögen; 1 Teelöffel Lavendel (Liebe); 1 Teelöffel Engelwurz (Reinigung); 1 Aprikosenkern (Liebe); ein neuer Holzlöffel; ein feines Sieb oder ein Seihtuch; ⅛ Teelöffel Meersalz; eine weiße Feder; eine Glocke oder eine klingende Schüssel; eine saubere leere Sprühflasche oder ein ebensolcher Zerstäuber.

Anmerkung: In manchen Regionen ist der Besitz von Schwanenfedern verboten, aber der Zauber wirkt auch mit anderen weißen Federn.

Anleitung: Gieße das Wasser in die Schüssel. Gebe Lavendel, Engelwurz und den Aprikosenkern hinzu; rühre das Ganze mit dem Holzlöffel um und denke dabei an die Essenz der Liebe. Stelle die Schüssel eine Stunde lang ins östliche Sonnenlicht. Seihe dann die Pflanzen-/Obstreste ab und entsorge sie. Gib das Salz ins Wasser. Rühre mit der Feder entgegen dem Uhrzeigersinn neunmal um, damit alle Reste von Negativität verschwinden. Rühre nun siebenmal im Uhrzeigersinn um. Halte die Hände über das Wasser und sprich:

Engelwurz zur Reinigung.
Aprikose für Liebe.
Lavendel für Frieden.
Sonnenlicht aus dem Osten.
Salz zum Töten des wilden Tieres.
Des Schwanes Segen erflehe ich.

Läute die Glocke viermal zum Segen und danach ein weiteres Mal, um den Spruch zu besiegeln. Fülle die Flüssigkeit in die Sprühflasche oder den Zerstäuber. Geh damit durchs Haus oder durch die Wohnung und wiederhole den Spruch in jedem Zimmer. Nachdem du das getan hast, bleibst du im zentralen Raum deines Heims stehen und sprichst die Formel ein letztes Mal. Bitte den Geist in dein Heim zu treten und dir Segnungen, Liebe und Freude zu bringen. Besiegle deine Arbeit, indem du ein großes gleichschenkliges Kreuz in der Mitte des Zimmers über dem Boden in die Luft zeichnest. Sage dann:

Dieses Heim ist versiegelt.
So soll es sein!

Hänge die Feder an einer zentralen Stelle in deinem Heim auf.

Gleichschenkliges Kreuz

Liebe herunterziehen

Bevor wir mit einem Zauber beginnen – ganz gleichgültig, ob es um Geld, Schutz, Gesundheit oder Liebe geht –, müssen wir zunächst bestimmen, wo wir stehen und was wir gerne erreichen würden. Wir müssen uns hinsetzen, uns entspannen und konkret festlegen, was wir eigentlich haben wollen. Ohne einen festen Plan bleiben die meisten Menschen leicht auf halbem Wege stecken. Liebe ist ein derart wichtiger Teil der menschlichen Existenz, dass wir mit Sicherheit nicht schon entmutigt werden wollen, bevor wir richtig in die Gänge gekommen sind! Ob du nun die wahre Liebe oder eine besondere Freundschaft suchst, wir sollten zuerst mit diesem einfachen Zauber den Weg zu einer erfüllenden Beziehung festlegen.

Benötigte Materialien: 1 weiße Rose; 1 pinkfarbene Kerze; Notizpapier; ein roter Füller; 1 pinkfarbenes Herz aus Tonpapier; 1 pinkfarbenes Band.

Anleitung: Befreie die Rose von ihren Dornen. (Hebe die Dornen auf, du kannst damit eine unerwünschte Liebe und negative Energie bannen oder einem/r Freund/in helfen, jemanden loszuwerden, indem du sie in eine Zitrone steckst.) Stelle bei Vollmond die Rose zusammen mit der pinkfarbenen Kerze an einem ruhigen Ort auf. Zünde die Kerze an und sage:

Liebe, komm nun herbei,
damit mein wahres Selbst ich sei.

Schreibe auf dem Notizpapier auf, was deiner Meinung nach Liebe ist. Das müssen keine vollständigen Sätze sein und es muss auch nicht nur gefühlsbezogen sein. Wortassoziationen sind bestens geeignet und einfache, frei umherschweifende Gedanken reichen völlig aus. Vielleicht meinst du, Liebe sei ein frostig frischer Wintermorgen, an dem die Sonne auf einem Teppich von Eiszapfen tanzt und glitzert. Vielleicht bedeutet für dich der Blick auf den Vollmond zur Erntezeit oder ein Spaziergang durch raschelndes farbenprächtiges Herbstlaub Liebe. Lass die Gedanken fließen, wohin sie wollen, so verrückt oder so ruhig, wie es dir gefällt. Liste nun auf, welche Art von Beziehung du dir wünschst. Eine Freundschaft? Eine Partnerschaft? Möchtest du Stabilität, Loyalität oder etwas Einfacheres haben? Schürfe tief. Sei ehrlich gegenüber dir selbst und dem, was du zu brauchen meinst. Wenn du damit fertig bist, sieh dir die Liste noch einmal genau an. Hast du etwas aufgeschrieben, das wirklich unerreichbar ist? Bist du dir gegenüber aufrichtig gewesen? Hast du etwas aufgelistet, das unvernünftig oder manipulierend wäre? Und schließlich: Hast du irgendetwas vergessen?

Wenn du mit deiner Liste zufrieden bist, überträgst du deine Wünsche mit dem roten Füller auf das pinkfarbene Herz. Dann geh mit dem Herz, der Kerze, dem Band und der Rose zu einer Stelle, an der du den Vollmond sehen kannst. Die Technik, die du gleich praktizieren wirst, ist eine Abwandlung des alten Zaubers mit der Bezeichnung »Den Mond herunterholen«, mit dessen Hilfe Zauberer die Essenz und Macht der Göttin durch die symbolische Energie des Mondes zu sich ziehen. Suche einen sicheren Platz für die Kerze und lass sie weiterbrennen. Lege das Herz unter die Kerze und das Band daneben. Halte die Rose mit beiden Händen von dir gestreckt dem Mond entgegen. Beginne die Prozedur mit drei tiefen reinigenden Atemzügen. Sage:

Mit dieser Rose ziehe ich herbei zu mir
die Liebe und Freude, die ich brauche von dir.
Der Mond steht hoch, die Macht kommt hervor,

bitte flüster Liebe/Freundschaft/Partnerschaft
***(was du möchtest)* mir ins Ohr.**
Jedes Blatt glüht in verzaubertem Gefunkel,
während ich verwandle das nächtliche Dunkel.
Von der Blüte über den Stängel bis in mein Herz so tief,
zieht ihre Kreise die nicht endende Liebe, die ich rief.
Mit dieser Rose zu mir ich zieh
Frieden und Freude und Harmonie.

Mache noch einen tiefen reinigenden Atemzug. Senke den Arm und lese laut die Liste auf dem pinkfarbenen Herz vor. Wenn du damit fertig bist, atmest du einmal tief ein und sagst:

Wie ich es will, so soll es sein.

Nimm sieben Rosenblütenblätter und lege sie auf das Herz. (Hebe die restlichen für deinen Liebesaltar auf.) Rolle das Herz mit den Blütenblättern zusammen und binde es mit dem pinkfarbenen Band fest. Halte das Herz (wie zuvor die Rose) dem Mond entgegen und sage:

Wie das Rad des Jahres sich dreht,
ziehe ich die Wünsche herbei,
die dieses Herz schmücken.

Siegle das Band mit ein wenig Wachs von der brennenden Kerze.

Zum Schluss deponierst du das aufgerollte Herz an einem sicheren Ort. Der Zauber hat begonnen! Lass die Kerze vollständig herunterbrennen. Wenn das nicht möglich ist, lösche die Flamme mit einem Kerzenlöscher oder den Fingern (verbrenne sie dir nicht dabei) und zünde sie in der folgenden Nacht erneut an. Lass die Kerze jeden Tag brennen und wiederhole die Ritualworte dazu, bis der Kerzenstumpen nur noch ca. zweieinhalb Zentimeter hoch ist. Vergrabe ihn dann auf deinem Grundstück.

Der Liebesaltar oder -schrein

Die meisten Zauberer besitzen bei sich zu Hause einen Schrein oder Altar für rein magische Zwecke. Ich selbst habe zwei Altäre (für die Bearbeitung magischer Bereiche mit planer Oberfläche) und einen Schrein (für die Toten). Schreine und Altäre können aufgabenspezifisch sein, das heißt, dass man nur bestimmte Arten von Zauberei betreibt, wenn man sich mit diesem magischen Ort verbindet, und sie können inner- wie außerhalb des Zuhauses stehen. Wo du sie errichtest, bleibt dir überlassen. In Herzensangelegenheiten könnte man einen traditionellen Wicca-Altar oder -Schrein im Süden (Kreativität und Leidenschaft) oder im Westen (Transformation und Liebe) einrichten. Wenn du aber Stabilität suchst, kannst du auch den Norden wählen. Wenn dir jedoch an einer geistreichen Freundschaft auf der Grundlage von Intelligenz und Weisheit gelegen ist, wäre der Osten ideal. (Ja, es stimmt, in Wicca und Magie kann man wählen.) Wenn du Anhänger/in von Fengshui (der chinesischen Kunst der Raumgestaltung) bist, errichtest du deinen Altar oder Schrein am besten im Nordosten, der Position für Beziehungen.

Nachdem du dir also überlegt hast, wo du deinen Liebesaltar oder -schrein errichten willst, wird es dir bestimmt großen Spaß bereiten, die Dinge auszuwählen, die du darauf stellen willst. Ob es dafür irgendwelche Vorschriften gibt? Nur zwei: Erstens sollten alle Dinge in Aufrichtigkeit, Liebe und Harmonie auf den Altar oder Schrein gestellt werden. Negativität ist nicht erlaubt.

Du wirst im weiteren Verlauf des Buches eine Vielzahl von Korrespondenzen finden, etwa Blumen, Gottheiten, Farben, astrologische Symbole etc. Der wichtigste Aspekt eines jeden magischen Ortes oder Gegenstandes, den du benutzt, ist, dass die gewählte Sache oder Energie deine Ziele, Wünsche und Persönlichkeit repräsentiert. Wenn du rote Kelchgläser nicht magst, dann such dir eine andere Farbe aus. Du musst deinen Altar oder Schrein nicht innerhalb von einer Stunde fertig gestellt haben. Nimm dir dafür Tage, Wochen, Monate Zeit ... das spielt keine Rolle. Du kannst den Fokus ändern, Dinge umstellen oder Utensilien ersetzen. Die zweite Regel? Versuche deinen Altar oder Schrein von Staub und Krimskrams frei zu halten – knall keine Lockenwickler darauf, wenn du gerade zu einer Verabredung hastest, oder den Werkzeuggürtel, wenn du unter die Dusche hechtest (außer natürlich, du verwendest diese Dinge tatsächlich bei einem Zauber. Du meinst, ich mache einen Scherz? Ich habe mal einen Typen getroffen, der den magischen Kreis immer mit einem Schraubendreher zog!)

Der Liebesaltar für eine einzelne Person kann einen anderen Fokus haben als der für ein Ehepaar. Zu einem Familien-Liebesaltar können Fotos deiner Kinder gehören, Preise, die sie gewonnen, oder Dinge, die sie gebastelt haben.

Die Farben, die du auf deinem Liebesaltar einsetzt, sind ebenfalls von Bedeutung. Rot steht für Aktivität und Leidenschaft, Blau- und Violett-Töne für Seelenverwandtschaft und Wahrheit, Weiß ist zumeist mit Reinheit und der göttlichen Liebe assoziiert, Grün mit Heilen und Wachsen, Gelb und Gold mit Erfolg, Silber eignet sich, wenn du viel Mondzauber betreiben willst, Orange steht für Bewegung oder Liebe bei der Arbeit, Braun für Freundschaft und schließlich Pink für Mitgefühl und universale Liebe.

Weihung des Liebesaltars oder -schreins

Alle dreidimensionalen Dinge tragen einen Energie-Abdruck. Wenn jemand dein Zuhause betritt, hinterlässt er nicht nur überall Fingerabdrücke und Fasern, er hinterlässt auch auf allem, was er berührt, einen Energie-Abdruck. Genauso hat jeder Gegenstand überall da, wo er einmal lag, zahlreiche und verschiedenste Energie-Abdrücke aufgenommen. Ein Zaubergegenstand oder Schrein wird als magischer, heiliger Teil deiner Umgebung betrachtet. Zudem sammelt er im Laufe der Zeit Macht an – deine Macht! Wenn du in deinem Heim zu zaubern beginnst, ist es ratsam, den Altar oder Schrein zuvor zu reinigen und zu weihen. Dafür kannst du das bereits in diesem Kapitel aufgeführte Schwanen-Liebeswasser, Rosenöl oder eine Tasse Quellwasser, mit dem Saft einer frischen Zitrone und einer frischen Limone vermischt, nehmen. Falls du ein eigenes Geheimrezept für geweihtes Wasser hast, kannst du natürlich auch dieses verwenden.

Anleitung: Knie dich vor deinen leeren Altar oder Schrein. Überlege genau, welche Götterenergie du rufen willst. Wenn du mit einer bestimmten Gottes- oder Göttinnenenergie nicht vertraut bist, so stelle bitte zuerst Nachforschungen über diese Gottheit an, bevor du mit ihr arbeitest. Man hat mir vorgeworfen, ökumenisch zu sein. Nur für die Akten möchte ich aber festhalten, dass ich darauf ausnehmend stolz bin! Man kann nicht versuchen, anderen Menschen zu helfen, wenn man den Kopf in eine Schublade steckt und den Du-weißt-schon-Was in die Luft reckt! Sage:

Segnungen von *(Name der Gottheit)*
kommen über mich jetzt.

Hebe und halte die Hände über den Altar oder Schrein. Sage:

Ich bitte den Norden um Stabilität und Wachstum.
Ich bitte den Osten um Intelligenz und Weisheit.
Ich bitte den Süden um Leidenschaft und Kreativität.
Ich bitte den Westen um Liebe und Transformation.
Großer Geist, bette die Essenz
bedingungsloser Liebe in diesen Schrein/Altar.
Möge ich Achtung, Integrität, Geduld, Aufrichtigkeit
und Harmonie bei jedem Zauber walten lassen,
den ich durchführen will.

Ziehe mit dem Rosenöl beziehungsweise Kräuterwasser auf der Oberfläche des Schreins oder Altars das Unendlichkeitszeichen (∞). Sage zum Schluss:

So soll es sein.

Du kannst den Altar auch einem bestimmten Gott oder einer bestimmten Göttin weihen und eine Statue dieser Gottheit am Ende der schlichten Zeremonie darauf stellen. Du musst nicht auf die Jagd nach Liebe gehen, um einen Liebesaltar oder -schrein zu errichten. Du kannst auf ihm jede Art von Zauber ausführen, ihn also auch zur Heilarbeit verwenden, zum Schutzzauber für Freunde und Verwandte, zur Verstärkung deiner Talente oder Fortschritte in deiner beruflichen Karriere.

Kolibri-Zauber

Dieser tolle Zauberspruch, der ursprünglich aus Haiti stammt, aber auch in Mexiko angewendet wurde, wirkt besonders schnell.

Benötigte Materialien: Ein Liebe anziehendes Räucherwerk deiner Wahl; das Foto eines Kolibris (in den alten Zaubersprüchen wurde ein echter Kolibri verlangt, aber wir haben, wie ich hoffe, einige Fortschritte gemacht); eine Haarlocke von dir; durchsichtiges Klebeband; ein rotes Flanellsäckchen; Öl (Komm-zu-mir-Öl, Bezwingungsöl, Venusöl oder dein Liebesöl, Parfum oder Wasser); Erde von deinem Grundstück; 2 kleine Ladesteine (oder Magneten); je ein kleines Wurzelstück von Iris (genannt Veilchenwurzel), Liebstöckel und Waldlilie.

Anleitung: Lade alle Dinge an einem Freitag, Sonntag oder in einer Venusstunde. Entzünde das Räucherwerk und ziehe alle Materialien durch den duftenden Rauch. Schreibe deinen Namen auf die Rückseite des Fotos vom Kolibri und rezitiere dazu:

Wachsend und wachsend,
Liebe, nun fließend,
komm zu mir,
mein Herzensbegehr,
Liebe und Lust,
wie von Flammen verzehrt,
wie ich es will, so soll es sein!

Klebe die Haarlocke auf deinen Namen. Lade alle Gegenstände, damit sie Liebe zu dir ziehen, und wiederhole dabei die Formel. Parfümiere den Beutel mit ein paar Tropfen Öl. Fülle ihn mit dem Bild, der Erde, den Ladesteinen und den Kräutern. Binde ihn fest zu. Halte den Beutel in den Händen und wiederhole mehrmals die Zauberformel. Trage ihn bei dir, damit er rasch Liebe in dein Leben bringt.

Morganas Kräuter-Liebeszauber[2]

Bei vielen Zaubersprüchen in diesem Buch wird Räucherwerk verwendet und du solltest dir irgendetwas Altbekanntes dafür besorgen. Je mehr Energie du in die Herstellung der Ingredienzen steckst, desto größer sind deine Erfolgschancen. Deshalb habe ich mehrere Rezepte für Räucherwerke und Zauberpulver aufgeführt, die du verwenden kannst, wenn es dir angebracht erscheint (nur essen solltest du sie um Himmels willen nicht!).

Benötigte Materialien: 1 Teelöffel gemahlener Copal; 1 Teelöffel zerstoßener Lavendel; 1 Teelöffel zerstoßener Jasmin oder ersatzweise 3 Tropfen Jasminöl; 3 Tropfen Gardenienöl; ein klein wenig zerstoßene Mandragorawurzel; ein Beutel aus rotem Stoff oder Musselin.

Anleitung: Fülle die Ingredienzen nacheinander in den Beutel und konzentriere dich dabei auf die Absicht, Liebe auf dich zu ziehen. Ermächtige den Beutel dazu und trage ihn bei dir. Die beste Zeit für seine Herstellung ist Neumond. Lade ihn nach Ablauf von dreißig Tagen von neuem. Erneuere ihn alle neunzig Tage. Du kannst auch diesen für jeden Zweck geeigneten Spruch einsetzen:

Frische Kräuter, oh Verzückung der Natur,
bitte gebt eure verzaubernden Blätter frei.
Getrocknete Kräuter, Verzauberung pur,
lasst keine bösen Gedanken kommen herbei.

---

2 Ersonnen von Morgana von Morgana's Chamber, 242 West 10th Street, New York, NY, 10014. Vergiss nicht, beim nächsten Aufenthalt im Big Apple in Morganas Laden vorbeizuschauen!

Duft verströmende Blumen, ihr Schätze der Natur,
du geheimer Garten, aus Mutters Wald und Flur,
schwirrt umher in der Höh und bringt herein
der Liebe süße Worte mir allein.

Aphrodites aphrodisisches Räucherwerk[3]

Bei Zaubersprüchen, die mit Liebe oder Heilen zu tun haben, verwendet man dieses Räucherwerk am besten während des Rituals oder bei der Opferung an den Geist.

Benötigte Materialien: 1 Teelöffel Sandelholzpulver; ½ Teelöffel gemahlener Zimt; 9 Tropfen Ylang-Ylang-Öl; 3 Tropfen Neroli-Öl; 1 Teelöffel zerstoßene Jasminblüten.

Anleitung: Sprich die unten stehende Zauberformel bei der Vermengung der aufgeführten Zutaten, mische aber das Ganze nach jeder einzelnen Zugabe gut durch. Ermächtige das Räucherwerk. Lass es auf Holzkohle verbrennen. Bewahre das verbliebene Räucherwerk in einem dicht verschlossenen Plastikbeutel oder in einem Krug auf.

Bester Herstellungszeitpunkt: Vollmond.

Zauberformel:

Ich beschwöre euch, oh Blätter von Gold,
dreimal für Liebe, jung und alt und hold.

---

3 m. E.: Ebd.

Jagt und pocht, oh kräuselt euch rund,
dass Liebe im Innern wird kund.
In diesem Rauch die Liebe wird fließen,
süßer Zauber gedeihen und sprießen.
Die Götter der Liebe mit mir sich verbinden,
Pulsierende Leidenschaft und Lust mich finden.
Schenkt mir Begehren, so süß und teuer,
des Liebenden starkes Geistesfeuer.

Lord Byrons Liebe anziehende Kräutermischung

Lord Byron ist in seiner Poesie wie in seinem Leben die perfekte Verkörperung der Romantik. Sein Vater war gebürtiger Engländer und Kapitän zur See, und mütterlicherseits war Byron der Nachkomme von gesetzlosen schottischen Adligen, und so ist es kein Wunder, dass seine Gedichte keltischen Liebenden aus der tiefsten Seele sprechen.

Benötigte Materialien: Für diese Mischung verwenden wir neun ermächtigte Kräuter: sieben getrocknete Orangenkerne (Sonne); je $\frac{1}{8}$ Teelöffel Astern (Venus), Klee (Merkur), Huflattich (Venus), Mistel (Sonne), Senf (Merkur), Veilchenwurzel (Venus), Liebstöckel (Sonne) und Gartenraute (Mars).

Anleitung: Alle Kräuter vermischen. Zu feinem Pulver zermahlen. Auf einem Räucherbrikett verbrennen, um Negativität aus dem Heim zu verbannen oder Liebesenergien auf Familienangehörige zu ziehen.

Nimm beim Anmischen dieses Pulvers Byrons Poesie als Zauberformel für die Kräuter und denke dabei an die Kunst einer Liebesgöttin (Venus, Aphrodite, Oshun etc.):

In ihrer Schönheit wandelt sie
Wie wolkenlose Sternennacht;
Vermählt auf ihrem Antlitz sieh
Des Dunkels Reiz, des Lichtes Pracht:
Der Dämmrung zarte Harmonie,
Die hinstirbt, wenn der Tag erwacht.[4]

Diese Kräutermischung kann man (auf einem entsprechenden Stück Kohle) als Räucherwerk verwenden, in Säume oder Püppchen (Zauberpuppen) einnähen, am Fuß einer Kerze verstreuen, als Zauberpulver auf die vordere Türschwelle legen oder in ein Beschwörungssäckchen füllen.

Lustpulver oder -Räucherwerk

Das mag mein Mann am liebsten!

Benötigte Materialien: Die Pflanzen der Lust sind getrocknete Avocado, gemahlene Kardamomkörner, getrocknete Karotte, Selleriesamen, Zimt, roter Klee, Damiana, Gänseblümchen, Dill, getrockneter Endivie, Galangal, Ginseng, Hibiskus, Zitronengras, Süßholz, Minze, getrocknete Oliven, Petersilie, getrockneter Rettich, Safran, Sesam, Zuckerrohr, Vanille und Veilchen.

---

4 Lord Byron (1788–1824), »She Walks in Beauty« aus dem Gedichtzyklus *Hebrew Melodies* (hier in der Übersetzung von Otto Gildemeister, Winkler-Verlag, München).

Anleitung: Wenn du bereit bist, das Räucherwerk anzumischen, nimmst du jeweils ¼ Teelöffel von entweder drei oder sieben der oben aufgeführten Kräuter. Reibe sie ein paar Mal in den Handflächen hin und her und sage:

Um Mitternacht die Leidenschaft erfasst
und die Lust umfängt der Liebenden Hast.
Herzen schlagen im Takt, glühen in Flammenmeeren,
gehen auf in wildem, erfüllendem Begehren.
Der Zauber in uns herrliche Verzückung lässt keimen,
Magie ist am Werk, da unsre Körper sich vereinen.

Füge roten Puder hinzu. Ermächtige die Mischung in einer Marsstunde, wenn du einen Mann einfangen, oder in einer Venusstunde, wenn du eine Frau becircen willst. Wenn die Mischung (ohne den roten Puder) als Räucherwerk verwendet wird, spricht man die obige Formel auch noch einmal, während die Kräuter abbrennen.

Silbernes Hexenpulver

Für diese Kräutermischung musst du in ein Blumengeschäft gehen. Da es sich dabei um ein Allzweck-Liebespulver handelt, kannst du es in Kerzen laden, um eine Kerze herum verstreuen, in Zaubersäckchen füllen, unter deinem Schreibtisch an deinem Arbeitsplatz lassen, unter dem Bett ausstreuen etc.

Benötigte Materialien: Je eine der folgenden Blumen aus dem Blumenladen: Gänseblümchen (Venus), Osterglocke (Venus), Gardenie (Mond), Orchidee (Venus), Rose (Venus); aus dem Lebensmittelgeschäft: Zimt (Sonne), Nelken (Jupiter), Kamille (Sonne),

Ingwer (Mars); 1 frische Kirsche (Venus); aus deinem Zauberschrank Drachenblutkraut (Mars); pinkfarbenes Basispulver oder Babypuder; Moschus-Räucherwerk.

Anleitung: Trockne die Blumen und fülle die Blütenblätter in getrennte, mit Etiketten versehene Plastikbeutel. Wenn du so weit bist, das Pulver herzustellen, sagst du den folgenden Spruch, während du die Zutaten (wie unten angegeben) miteinander vermengst:

Der Hexen Macht hab ich in den Fingerspitzen,
des Zaubers Silbertropfen auf meinen Lippen sitzen.
Mörser und Stößel mahlen das Pulver fein,
die Körner tanzen im Takt mit mir ganz rein.
Ihr Finger, seid hurtig, tanzet und schnellt,
dass der Trank auf Wachs und Docht herabfällt.
Mit meiner Worte Macht
der Zauber ist vollbracht.

Nimm jeweils ⅛ Teelöffel von jeder Blumensorte, dieselbe Menge Zimt, Ingwer, Drachenblut, Nelken und Kamille und zermahle sie fein. Gib das Basispulver hinzu. Zermahle sie noch feiner. Füge drei Tropfen Kirschsaft hinzu. Vermische das Ganze gut. Brenne das Moschus-Räucherwerk an und blase seinen Rauch sanft über die Mischung. Bete, spreche und singe deine Bitte um Liebe. Diese Mischung kann man auch als Zusatz bei allen anderen Liebeszaubern oder -ritualen verwenden. Sie ist jedoch nicht zum Verzehr geeignet.

Anmerkung: Schreibe eine spezifische Liebesbitte mit Kirschsaft auf ein weißes Pergamentblatt. Gib Veilchenwurzel darauf, damit es frisch bleibt. Mit Echinacea lässt sich jedes Kräuterpulver verstärken. Bewahre das Blatt in einem versiegelten Gefäß oder einem verschlossenen Plastikbeutel auf. Wegen des Kirschsafts ist die Mischung nur wenige Wochen haltbar.

Portugiesisches Liebe anziehendes Pulver

Das viktorianische Zeitalter brachte viele hervorragende Dichterinnen hervor, darunter auch die berühmte Elizabeth Barrett-Browning (1806–1861). In der Zeit, als der populäre Dichter Robert Browning um sie warb, schrieb Elizabeth vierundvierzig Sonette über die leidenschaftliche Tiefe ihrer Liebe. Robert war so beeindruckt, dass er sie bat, die Gedichte zu veröffentlichen. Aus Furcht vor einer ablehnenden Reaktion der Öffentlichkeit (sie war immerhin eine Frau) ersannen sie die Geschichte, dass Elizabeth die Gedichte gefunden und sie nur aus dem Portugiesischen ins Englische übertragen hätte.

Hier nun ein tolles Pulver, das nach ihren Sonetten benannt ist und besonders gut bei familiären Liebesangelegenheiten funktioniert. Sage, während du die Zutaten vermengst, ihr berühmtestes Sonett (Nr. 43) an die Götter auf:

Wie ich dich liebe? Lass mich erzählen wie.
Ich liebe dich so tief, so hoch, so weit,
als meine Seele blindlings reicht, wenn sie
ihr Dasein abfühlt und die Ewigkeit.

Ich liebe dich bis zu dem stillsten Stand,
den jeder Tag erreicht im Lampenschein
oder in Sonne. Frei, im Recht, und rein
wie jene, die vom Ruhm sich abgewandt.

Mit aller Leidenschaft der Leidenszeit
und mit der Kindheit Kraft, die fort war, seit
ich meine Heiligen nicht mehr geliebt.

Mit allem Lächeln, aller Tränennot
und allem Atem. Und wenn Gott es gibt,
will ich dich besser lieben nach dem Tod.[5]

Benötigte Materialien: Vermische jeweils $\frac{1}{8}$ Teelöffel Gerste (Venus), Basilikum (Mars), Cayennepfeffer (Mars), Dill (Merkur), Ingwer (Mars), Majoran (Merkur), Rosmarin (Sonne) und Thymian (Venus) miteinander; 3 Tropfen Vanille-Öl; $\frac{1}{8}$ Teelöffel Veilchenwurzel; grüner Puder als Basis.

Anleitung: Die Kräuter zu feinem Pulver zermahlen. Drei winzig kleine Tropfen Vanille-Öl zufügen. Die Mischung erneut vermengen. Gib Veilchenwurzel hinzu, damit das Pulver frisch bleibt. Vermenge die Kräuter mit grünem Basispuder. Fülle einen kleinen Teil in ein verschlossenes Briefchen und lege es in deinen Schuh. Verstreue es vorne und hinten auf der Türschwelle oder eine kleine Menge davon unter deinem Bett. Bewahre den Rest zum Laden in Kerzen oder als Zusatz für andere Liebeszauber auf.

Anmerkung: Die Ingredienzen sind in dieser Zusammensetzung für allgemeine Liebeszauber gedacht. Wenn du eine Frau auf dich aufmerksam machen willst, darfst du nur Venuskräuter nehmen. Wenn du dagegen nur für einen Mann attraktiv sein möchtest, verwendest du nur die Mars- und Sonnenkräuter. Wenn du eine/n

---

5 Barrett-Browning, Elizabeth: *Sonnets from the Portuguese 43: How do I love thee?*, übersetzt von Rainer Maria Rilke.

Freund/in suchst, nimmst du ein Kraut für das betreffende Geschlecht (Venus oder Mars) und die Merkurkräuter.

»Komm, spring mich an«-Öl

Ray Malbrough und mein Ehemann Mick Trayer haben für diesen Zauber die Köpfe zusammen gesteckt und ein phantastisches Öl entwickelt, das wirklich wirkt! Doch wenn du puritanische Bedenken dabei empfindest, kannst du das Rezept auch überspringen. Die Herstellung von Zauberölen ist übrigens eine ganz eigene Kunst. Da frische Kräuter in Öl schnell verderben, ist es ratsam, die Zutaten in kleinen Mengen anzumischen und sofort zu verbrauchen.

Benötigte Materialien: Mörser und Stößel; 6 Rosen; 3 Nelken; ¼ Teelöffel Piment; ca. 2 cl Safranöl; ein Krug; Sieb oder Seihtuch.

Anleitung: Zerstoße und zermahle mit dem Stößel die Blütenblätter einer Rose, den Piment und die Nelken im Mörser und gib dann gerade genug Öl hinzu, dass die Kräuter damit bedeckt sind. Konzentriere dich dabei auf die Vorstellung, dass rotes und pinkfarbenes Licht das Öl durchdringt. Sage:

Liebe, Liebe, komm, spring mich an.
Lust und Leidenschaft Einzug halten dann.
Klopfend, pochend, komm, spring mich an!

Lass die Mischung zwölf Stunden lang ziehen. Streiche sie dann durch ein Sieb in den Krug. Füge die Blätter einer weiteren Rose und noch ein wenig Öl hinzu. Zermahle das Ganze. Sprich von neuem die Zauberformel. Warte zwölf Stunden und seihe die Mixtur erneut ab. Führe diese Prozedur noch an vier weiteren Tagen durch.

Anmerkung: Dieses Öl mag vielleicht nicht sehr stark duften (der Duft verschiedener Rosensorten ist unterschiedlich intensiv). Du kannst aber einen Tropfen essentielles Rosenöl beigeben, wenn du einen stärkeren Duft wünschst, oder die Mischung drei Tage lang ziehen lassen, bevor du sie abseihst und eine neue Portion Rosenblüten zusetzt. Wenn das Öl fertig ist, kannst du es nochmals ermächtigen; dafür gibst du weitere sechs Rosenblütenblätter hinzu. Lass diese Blätter drin und verwende das Öl so bald wie möglich.

Ray Malbroughs Verführungsöl

Dieses Öl können Männer und Frauen verwenden.

Benötigte Materialien: Ätherische Öle von Rosen, Geißblatt und Eisenkraut in folgenden Anteilen: 3 Teile Eisenkrautöl (Haupteinfluss); 2 Teile Rosenöl (geringerer Einfluss) und 1 Teil Geißblattöl (eine Spur für rasches Glück); 1 Stück Eisenkrautwurzel, 1 Stange Zimt und eine Gewürznelke.

Anleitung: Mische die ätherischen Öle. Füge die Eisenkrautwurzel, den Zimt und die Nelke hinzu. Lade das Ganze für Liebe.

Inas Liebesöl

Zur Zeit der Großen Depression in den Vereinigten Staaten waren die Lebensbedingungen hart und das Geld knapp. Um über die Runden zu kommen, stellte eine Frau aus dem West-Virginia-Zweig meiner Familie Kräuterduftkissen und Liebesöle her, die sie für einen oder zwei Penny pro Flasche oder Stück an die Damenwelt in ihrer Kleinstadt verkaufte. Mit einem kleinen Korb voller Blumen, Bänder und ihren Zaubermitteln am Arm klopfte sie allwöchentlich an die Haustüren. Ihr Longseller? Ermächtigter Vanille-Extrakt, den sie als Inas Liebesöl feilbot. Bis zu ihrem Todestag schwor sie, die Hälfte aller Ehen in der Stadt seien aufgrund ihrer Verzauberung dieses banalen Backzusatzes zustande gekommen.

Liebe anziehendes Eau de Cologne

Für diesen Drei-Tage-Zauber müssen wir uns bei dem Llewellyn-Autor Ray Malbrough bedanken. Jahrelang hat er Klienten beraten, wie man Liebe bekommt, wie man sie sich erhält und wie man sie (wenn nötig) wieder loswird. Das Eau de Cologne wirkt auch äußerst gut im beruflichen Leben, zum Beispiel bei einem Vorstellungsgespräch oder wenn man sein wahres gutes Ich durch die schützende Maske, die man normalerweise zur Schau trägt, durchscheinen lassen will.

Benötigte Materialien: Dein Lieblingsparfum oder Aftershave (ein preisgünstiges Eau de Cologne tut es auch, wenn du diesen Zauber das erste Mal ausprobierst und dein 50-Euro-Fläschchen dafür nicht anfassen willst); eine Schüssel; 13 Rosenblüten;

$\frac{1}{8}$ Teelöffel Veilchenwurzel; $\frac{1}{8}$ Teelöffel Liebstöckel; 1 Ladestein; Jasminöl; eine pinkfarbene und eine rote Kerze.

Anleitung: Gieße das Eau de Cologne in die Schüssel. Lege die Rosen, Kräuter und den Ladestein vorsichtig hinein. Halte die Hände über die Schüssel und ermächtige den Inhalt, dass das Gute in dir durchscheinen kann. Reibe die Kerzen mit Jasminöl ein. Stelle sie so auf, dass ihr Lichtschein die Schüssel trifft. Zünde am ersten Abend die Kerzen an und nenne dabei deinen Wunsch. Lass die Kerzen zu einem Drittel herunterbrennen. Lösche die Flammen mit einem Kerzenlöscher (einige Zauberer meinen, man solle die Flamme niemals auspusten, da man auf diese Weise die Wünsche von sich wegpuste).

Zünde die Kerzen am zweiten Abend wieder an und wiederhole dabei laut deinen Wunsch, das Gute in dir durchscheinen zu lassen; lass die Kerzen um ein weiteres Drittel herunterbrennen. Am letzten Abend lässt du die Kerzen völlig abbrennen. Seihe den Inhalt der Schüssel ab (wenn auch manche Zauberer die Kräuter drinlassen (das kannst du halten, wie du willst). Jedes Mal wenn du das Cologne benutzt, wiederholst du deinen Wunsch. Vergrabe die abgeseihten Pflanzenreste im Garten.

Hathors Spiegel

Die ägyptische Göttin Hathor ist eine Sonnengottheit. Sie trägt unter anderem die Titel Himmelskönigin, Erdenkönigin, Herrin der Friedhöfe, Göttin der Freude und Mutter des Lichts. Sie soll die Seelen der Verstorbenen und der Neugeborenen nähren. Diese sinnliche Königin vom Nil (sie wurde zur Zeit der ersten Dynastien verehrt) soll das ägyptische Königsgeschlecht begründet haben. Als so machtvolle Göttin wird Hathor im mittelalterlichen Mythos als legendäre Gottesmutter oder die Gottesmütter und als Mutter Gans dargestellt. Ihr Geburtstag wird an Neujahr gefeiert. Hathors Macht hört an der Trennlinie zwischen den Welten nicht auf – sie ist auch die Schutzpatronin der Schönheit und der weiblichen Geschäftstüchtigkeit.

Den Hathor-Spiegel verwenden wir hier, um Schönheit herbeizuzaubern und unser Selbstwertgefühl zu festigen, indem wir uns Stärke und Anmut verleihen.

Die Vorbereitung das Zaubers umfasst zwei Teile.

Benötigte Materialien: Ein neuer Spiegel; Zierrat für den Spiegel (siehe die unten aufgeführten Ideen); eine Karte im DIN A-6-Format; eine goldene Kerze.

Erster Teil: Kaufe einen neuen Spiegel, in den du jeden Morgen und Abend schauen kannst. Verziere den Rahmen des Spiegels mit Muschelschalen, Bändern, Glimmer usw. Lass deiner Phantasie freien Lauf!

Zweiter Teil: Wähle ein von dir bevorzugtes Gedicht, Mantra oder eine Sentenz aus. Schreibe die Worte auf die Karte und lege diese zum Hathor-Spiegel. Auf die Rückseite der Karte schreibst du drei Sätze – positive Gedanken über dich selbst oder die Ziele, die du dir gesetzt hast.

Anleitung: Zünde die goldene Kerze an und stelle sie vor den Spiegel. Halte die Hände über die reflektierende Oberfläche und sage:

Großartige Hathor! Muttergöttin!
Königin des Lichts! Königin des Himmels
und der Erde. Mutter der Freude.
Hilf mir, mich zu ändern und meinen Verstand,
meinen Geist und meinen Körper zu verbessern.

Wo Hass ist, lass mich Liebe säen.
Wo Unzufriedenheit ist,
lass mich Zufriedenheit säen.
Wo Dunkelheit ist, Licht.
Wo Zwietracht ist, Eintracht.
Wo Verzweiflung ist, Hoffnung.

Hole mehrmals tief Luft und lass die universale Liebe durch und um dich herum fließen. Lies nun das Gedicht, dann sieh dich im Spiegel an und wiederhole dreimal deine Bekräftigungen. Mache das möglichst jeden Morgen nach dem Aufwachen (sobald dein Kopf klar genug ist, dass du den Spiegel findest). Beschließe jeden Abend mit der Lektüre eines anderen Gedichts, gefolgt von deinen Bekräftigungen. Wenn du möchtest, kannst du eine gelbe Kerze oder eine Sieben-Tage-Kerze vor den Spiegel stellen. Zünde sie während deiner Andacht an und lösche sie anschließend wieder.

Liebeszauber mit verbundenen Kerzen

Dieser wunderbare Zauber kommt aus Texas, genauer gesagt wurde er von Oriana Ulesia erfunden, einem hoch geschätzten Black-Forest-Mitglied und einer der cleversten Frauen, die ich kenne! Er ist für alle Gelegenheiten geeignet, bei denen man Liebe auf sich ziehen und weiter aufrechterhalten will. Du musst lediglich die Wortwahl ein wenig ändern, sobald du deinen Traumpartner in den Armen hältst!

Benötigte Materialien: Plätzchenteig (oder Knete – mit Brotteig funktioniert es auch); getrockneter Lorbeer; getrocknete Rosenblüten, zwei kleine geweihte Kerzen (ich lasse mir vom Geist sagen, welche Farben ich nehmen soll), die eine Kerze steht für den Zauberer und die andere für den Traumpartner; ein Füller; ein Stückchen Pergamentpapier; ein Feuerzeug (der Schwefel eines Streichholzes kann die positiven Liebesschwingungen aufzehren).

Anleitung: Dämpfe das Licht und mache sanfte romantische Musik an. Wenn du eine Frau bist: Lege Lippenstift und ein wenig Parfum auf. Finde dich hübsch. (Du *bist* hübsch!) Wenn du ein Mann bist: Nimm dein liebstes Aftershave oder Eau de Cologne und noch etwas, das du häufig trägst, etwa ein Hemd, das dir gut steht, eine magische Halskette etc.

Reinige und weihe den Teig, um jedwede Negativität in ihm zu tilgen. Knete ihn mit den Händen, bis du das Gefühl hast, dass genug von deiner Energie in den Teig übergegangen ist. Forme den Teig zu einem Herz (du kannst auch eine Ausstechform benutzen). Drücke den Lorbeer und die Rosenblüten hinein. Stell die Kerze, die für dich steht, aufrecht in das Teigherz. Male mit dem Füller die Rune Laguz (ᛚ) auf beide Kerzen und auf das Papier. Laguz ist die Rune für Fließen, Liebe, Zauberei und die Förderung wechselseitiger Gefühle. Zünde die Kerze an, die dich repräsentiert, und blicke starr auf Laguz. Nenne laut all die Gründe, warum ein Liebhaber wünschen sollte, mit dir zusammen zu sein. Bist du ehrlich, aufrichtig, glücklich, treu, athletisch? Mach schon, rühme dich selbst. Nimm dir dazu so viel Zeit, wie du brauchst; sei nicht schüchtern, Bescheidenheit ist hier nicht angebracht. Du verkaufst dich gerade selbst!

Wenn du mit all den vielen aufgezählten Attributen zufrieden bist, nimmst du die andere Zauberkerze (für Mr oder Ms Right) und zündest sie an. Dabei blickst du wieder auf Laguz und nennst laut all die Dinge, die du dir von einem/r Geliebte/n erwartest. Ja, du kannst dich hinsichtlich der gewünschten Anatomie sehr präzise äußern. Lass nichts aus. Nimm dir so viel Zeit wie nötig. Sobald du das Gefühl hast, du hättest die/den Geliebte/n deiner Träume beschrieben, kippst du vorsichtig die beiden Kerzen schräg aneinander, so dass sie wie eine Kerze brennen. Wenn die beiden Flammen miteinander vereint sind, meditierst du darüber, wie dein Leben mit dieser neuen Person sein wird, wie viel Spaß du haben wirst und wie romantisch eure gemeinsame Zeit verlaufen wird.

Lass die Kerzen herunterbrennen und verbrenne das Papier mit der Rune Laguz im Abfalleimer oder in einem Aschenbecher. Nachdem das Feuer ausgegangen ist, wickelst du die Kerzen in den Teig, gibst die Asche von Laguz dazu, füllst alles in eine Plastiktüte und legst sie für einen vollständigen Mondzyklus unter dein Kissen. Nimm die Tüte dann heraus und stopfe sie in einen Blumentopf oder vergrabe sie in deinem Garten, damit die Liebe wächst!

Quickies fürs Selbstwertgefühl

- Sage jedes Mal, wenn du in einen Spiegel blickst, drei gute Dinge über dich.
- Denk jeden Abend an eine erstaunliche Sache, die du an dem Tag getan hast. Wirf eine Münze in einen alten Krug. Wenn der Krug voll ist, wickelst du die Münzen in Münzpapier und schenkst sie der Wohlfahrt.
- Stell dein Licht nicht unter den Scheffel, wenn du etwas geleistet hast.
- Sage jeden Tag etwas Nettes zu einem Fremden und zwei nette Dinge zu jemandem, den du kennst.
- Zünde allmorgendlich oder -abendlich eine Kerze an als Zeichen für Lebensfreude und das Vorhandensein der universalen Liebe.
- Sei höflich, und du wirst doppelten Lohn erhalten.

Freundschaftsstock

Gleichgesinnte neue Freunde zu finden ist nicht immer einfach. Wer den spirituellen Weg einschlägt, wird unausweichlich alte Freundschaften und Beziehungen aufgeben müssen, um Raum für neue Freunde zu schaffen, die einen ähnlichen Weg gehen. Manchmal schmerzt uns dieser Verlust, und wir fragen uns, ob wir die richtige Entscheidung getroffen haben. Die folgende Freundschaftsgirlande kann dir helfen, dich für neue erfüllendere Beziehungen zu öffnen.

Benötigte Materialien: Ein ca. 60 Zentimeter langes Stück Zwirn; eine Nadel; Blumen deiner Wahl; 13 Bänder (die Farbe kannst du selbst bestimmen), jeweils knapp 43 Zentimeter lang; 1 Stab oder Wurzelstock von 50 Zentimetern Länge.

Anleitung: Ziehe den Zwirn auf die Nadel. Fädle deine Lieblingsblumen auf den Zwirn. Verknote beide Enden des Zwirns fest. Wickle die Blumengirlande um den Stock und binde sie mit den Bändern fest. Deute bei Vollmond mit dem Freundschaftsstock auf den Mond und bitte die Mutter um Segnungen. Du kannst auch folgende Fürbitte nehmen:

Große Mutter, mein Weg hat mich
in neue Reiche der Spiritualität geführt.
Ich bitte um Beziehungen, die mir
die Fülle des Lebens zeigen,
die mich wahre Harmonie
auf meinem spirituellen Weg üben lassen
und mich der Vollkommenheit im Denken
wie im Handeln nahe bringen.
So soll es sein.

Lege den Freundschaftsstock auf deinen Altar, bis die zwischenmenschliche Beziehung, die du dir wünschst, sich manifestiert hat. Das ist ein großartiger Zauber für Kinder, die in eine andere Gegend umziehen oder die Schule wechseln mussten.

Anmerkung: Der Freundschaftsstock kann viele neue Gesichter und aufregende Erlebnisse in dein Leben bringen, hör nicht gleich bei der ersten Manifestation damit auf!

Sanfte Brise für die Liebe

Die astrologischen Luftzeichen Zwillinge, Waage und Wassermann wirken gut bei Zaubersprüchen, die das Element Luft beinhalten. Merk dir, dass die Waage-Energie für den Beginn einer Situation steht und Ehrlichkeit und Ausgeglichenheit bringt, der Wassermann dir das bereits Vorhandene erhält und humanitäre Ideale unterstützt, und die Zwillinge helfen, ein Projekt abzuschließen, oder für den Fluss in einer Situation sowie für unkomplizierte Kommunikation mit anderen sorgen. Für diesen Zauber musst du in deinem Planetenführer oder Zauberalmanach nachschlagen, wann der Mond in einem der drei Zeichen steht.

Benötigte Materialien: Notizpapier; mehrere Streifen Buntpapier; ein schwarzer Marker; ein Plastikbeutel.

Anleitung: Liste auf dem Notizpapier all die Dinge auf, die deiner Meinung nach für eine erfüllende Beziehung von Bedeutung sind. Vergiss nicht festzulegen, wie die gewünschte Beziehung aussehen soll. Möchtest du eine Freundschaft, willst du einen tollen Chef, eine harmonische Zusammenarbeit mit Kollegen, ein besseres Verhältnis zu deinen Kindern oder deinem Ehepartner, oder willst du jemand Neues kennen lernen? Übertrage alle Punkte von deiner Liste auf jeweils einen Streifen Buntpapier. Zerreiße die Streifen zu buntem Konfetti. Verschließe es zusammen mit deiner Liste in dem Plastikbeutel. Geh an einem windigen Tag an einen Ort, an dem du ungestört bist und die wehende Brise spüren kannst. Sprich die folgende Zauberformel, während du das Konfetti in den Wind streust:

Geister der Luft
leiht mir euer Ohr.
Bitte kommt hervor.
Nehmt meine Wünsche
und meine Küsse
auf in die sanfte Brise.

Blase drei Küsse in den Wind und zähle dann mit lauter Stimme die Dinge auf, die auf deinem Papier stehen. Sage anschließend:

Wie ich es will, so es komme
von den Sternen in den Himmel,
von der Erde zur Sonne!
So soll es sein!

Du kannst diesen Spruch auch für den Geburtstag eines Kindes oder als Neujahrszauber verwenden. Lass das Kind ein kleines Stück Einwickelpapier von jedem Geschenk in winzig kleine Stücke schneiden. Während es das macht, soll es an einen ganz besonderen Wunsch denken. Geh mit dem Kind nach draußen und führe den Zauber aus. Wenn du diesen Zauber am Silvesterabend ausführen willst, dann verstreue das Papier genau um Mitternacht.

Königin-der-Liebe-Zauber

Die Yoruba-Göttin Oshun wird auch Königin der Liebe genannt. Solange deine Absichten vollkommen aufrichtig sind, wird ihre Energie gut für dich arbeiten; wenn du jedoch irgendetwas Hinterhältiges vorhast, kannst du sicher sein, dass die Situation eskaliert und du lange mit den Konsequenzen kämpfen musst.

Benötigte Materialien: Ein kleiner weißer Keramikteller; ein Bleistift; 4 Orangenschnitze (damit die Liebe schneller kommt); 3 Tropfen Honig (eine Gabe an Oshun); 3 Gewürznelken (zum Schutz, damit du nicht die falsche Person anziehst); ¼ Teelöffel brauner Zucker (um dich selbst süßer zu machen und Freundschaften zu fördern); 1 Teelöffel Zimt; 7 gelbe Kerzen (Gold und Gelb sind die Farben von Oshun).

Anleitung: Schreibe in einer Vollmondnacht, an einem Freitag bei zunehmendem Mond oder in der Venusstunde deinen Namen einmal horizontal und anschließend senkrecht auf den Teller – dein Name bildet nun ein gleichschenkliges Kreuz. Arrangiere die Orangenschnitze auf dem Teller. In die Mitte (wo die beiden Namen und die Orangenschnitze aufeinander treffen) platzierst du den Honig, die Nelken, den Zucker und den Zimt. Halte den Teller dem Vollmond entgegen und sage:

Oshun singt ein feuriges Lied,
sie, die uns in den Armen wiegt.
Schenke mir der Liebe Macht
und auch der Liebe Eintracht.
Honig, Zucker, des Mondes süßes Glühen,
Muttergöttin, die Liebe lass erblühen.

Oh Orangennektar, du Spender von Leben,
verbanne jede Art von Zwist und Beben.
Oh Zauber, der du vermengst, wächst und gedeihst,
berühr mein Leben, damit es nicht verwaist.

Stell den Teller auf deinen Liebesaltar. Stell darum herum die gelben Kerzen auf. Zünde die Kerzen sieben Tage lang jeden Abend an. Lass den Teller auf dem Altar, bis die gewünschte Art von Liebe in dein Leben getreten ist. Entsorge die Obst-und-Zuckermischung draußen und flüstere dabei Oshuns Namen, denn diese Dinge gehören nun ihr. Dies ist auch ein toller Zauber zur Heilung von mentalen oder körperlichen Beschwerden.

Anmerkung: Oshun liebt Geschenke aus Gold. Denk nur daran, dass sie das, was du ihr gibst, behält! Sie ist *sehr* heikel in Bezug auf das, was ihr gehört.

Zukunftszauber

Das ist eine alte Pennsylvania-Dutch-Technik, um sowohl in die Zukunft schauen als auch zurückliegende Ereignisse verstehen zu können.

Benötigte Materialien: Ein neuer runder Spiegel (sieh nicht hinein); ein Bleistift; ein ausreichend großes Stück schwarzen Stoff, um den Spiegel zu verhüllen; eine weiße Kerze.

Anleitung: Bevor du diesen Zauber ausführst, musst du eine Kreuzung finden, an der die Straßen genau im rechten Winkel zueinander liegen. Du musst dort auch den Spiegel unbeobachtet vergraben können, deswegen musst du vielleicht ein oder zwei Tage lang suchen, bis du die richtige Stelle gefunden hast. Schreibe an einem Vollmondabend um elf Uhr mit dem Stift auf den Spiegel: *Alle Dinge werden im Himmel und auf Erden bekannt sein*. Vergrabe den Spiegel an der Kreuzung. Gehe drei Tage später, um genau elf Uhr nachts, wieder zu der Kreuzung und grabe den Spiegel aus. Wickle ihn in ein schwarzes Tuch. Sieh nicht in den Spiegel. Halte den Spiegel einer Katze oder einem Hund vor.[6] Sobald sie ihr Spiegelbild gesehen haben, kannst du den Spiegel gefahrlos verwenden. Falls das Tier sich weigert, in den Spiegel zu schauen, zerbrichst du ihn und versuchst es mit einem anderen noch einmal. Es heißt, Tiere könnten positive und negative Energieschwingungen spüren, und deshalb könnten sie dir Hinweise zu Menschen, Situationen und, wie in diesem Fall, Zauberwerkzeugen geben. Mit dem Zauber soll dem Tier jedoch kein Schaden zugefügt werden.

Um Antworten auf deine Beziehungsfragen zu bekommen, zündest du eine weiße Kerze an und blickst in den Spiegel. Entspanne dich. Wenn du dich unter Druck setzt, wirst du überhaupt nichts sehen. Lass deinen Gedanken freien Lauf. Schließlich wird es dir scheinen, als würde der Spiegel sich zuziehen – wie mit einem leichten Nebel. Stelle deine Frage. Warte darauf, dass die Antwort erscheint. Manchmal wirst du Gegenstände oder Menschen im Spiegel erblicken, dann wieder wirst du sie nur in Gedanken sehen. Das erlebt jeder Mensch anders. Bewahre den Zauberspiegel in den schwarzen Stoff geschlagen auf.

6 Hark, Ann: *Hex Marks the Spot*. Philadelphia: J. B. Lippincott Company, 1938, S. 63.

Hexenzeichen für Liebe und Romanzen

Hier ist das Hexenzeichen der Pennsylvania-Deutschen für Liebe abgebildet. Es ist eine typisch deutsche Darstellung der Liebe mit großen dicken roten Herzen und einer bunten Rosette für Glück und Erfolg in der Liebe und Macht über das Böse. Einige Fachleute meinen, die Dreiecke stünden für das Auf und Ab des Ehelebens, doch ich persönlich denke, die Dreiecke haben eine tiefere Bedeutung und beziehen sich auf die weibliche Trinität. Die nach außen deutenden Dreiecksspitzen bilden den ungebrochenen Schutzwall für die glückliche Einheit im Innern. Die Hauptfarben dieses besonderen Zeichens sind gewöhnlich: Blau für wahre, himmlische Liebe und Schutz; Rot für Romantik, das Blut und Macht; Gelb für die Macht der Sonne, die Göttlichkeit, die Hoffnung auf Kinder und Wahrheit in allem.

Du kannst entweder das abgebildete Zeichen kopieren oder selbst eines malen. Am besten entwirfst du dir ein eigenes Zeichen. Ermächtige es mit Liebesöl und -Räucherwerk. Wenn du magst, kannst du deinen Namen zusammen mit deiner Bitte um Liebe in die Mitte des Zeichens oder auf die Rückseite schreiben. Die Pennsylvania-Deutschen hatten noch mehr interessante Zaubersprüche für die Liebe. So malten sie große Herzen auf Papier und umgaben sie außen mit schwarzen und weißen Tuschezeich-

nungen von mythischen Vögeln, Blumen und verschlungenen Ranken. Man schrieb die Bitte um Liebe in die Mitte des Herzens und legte die Zeichnung dann in seine Bibel.

Das Netz der Liebe

Dieser Zauber richtet sich gegen negative Verhaltensmuster, die Beziehungen zerstören können.

Benötigte Materialien: Wenn du ein Verhaltensmuster hast, das du deiner Meinung nach unbedingt ablegen musst, so schreibe diese Angewohnheit auf ein Stück Papier und rolle es zu einer kleinen Röhre zusammen; ein Einmachglas mit Deckel; Engelwurz; Zimt, eine Olive; ein Spinnennetz; schwarzes Wachs; ein schwarzer Filzstift.

Anleitung: Lege das Papier zusammen mit dem Engelwurz, dem Zimt und der Olive in den Krug. Nun ist es an der Zeit, ein gutes Spinnennetz aufzuspüren. In Barbara Walkers Buch *Das geheime Wissen der Frauen* können wir nachlesen, dass die Spinne, auch Arachne genannt, »eine Totemform der Schicksalsspinnerin war, die ansonsten als Clotho oder Athene bekannt ist. Im Hindu-Mythos steht die Spinne für Maya, den jungfräulichen Aspekt der dreifachen Göttin, die Spinnerin der Magie, des Schicksals und der irdischen Erscheinungen.« Wenn du ein Sauberkeitsfanatiker bist, wirst du dich vermutlich nach draußen begeben müssen, aber wenn du einen Keller hast, kannst du vielleicht auch dort ein gutes Spinnennetz finden. Bitte fang die Spinne nicht und tu ihr nicht weh, Spinnen sind freundliche Hausgäste. Lege das Netz in das Glas (viel Glück, das ist der schwerste Teil des Zaubers).

Halte das Glas an Dunkelmond, einem Samstag oder in der Stunde Saturns in der einen Hand. Ziehe mit der anderen Hand entgegen dem Uhrzeigersinn oben vom Rand des Gefäßes aus eine Spirale nach innen. Flüstere dazu folgenden Spruch:

**Der bannende Wind sanft über die Wiesen bläst,
das Spinnennetz an der Dachkante erzittert.
Ein Ebenholzmond gleitet
am milchig-schwarzen Himmel entlang,
da die Magie durch die Bäume wispert.
Die wahre Liebe unserer Herrin ermächtigt diese Kräuter,
zum Einfangen, zur Umwandlung und Veränderung.
Mit Hilfe unseres Herrn werde ich
jene Gewohnheiten, die ich ablegen muss, besiegen.
Die dunkle Stunde des Saturn rückt verstohlen näher
und er umhüllt mich mit seiner Weisheit.
Der Zauber webt sein Netz immer enger im Kreis,
und ich weiß, dies wird willig geschehen.**

Verschließe das Glas mit dem Deckel. Träufle schwarzes Wachs rundum auf den Deckelrand. Zeichne mit dem Filzstift ein schwarzes gleichschenkliges Kreuz (siehe S. 31) auf den Deckel, um den Zauber zu besiegeln. Vergrabe das Glas an einer Wegkreuzung oder an einer Stelle außerhalb deines Grundstücks.

Abendmahl der Liebe

In den meisten Religionen soll der Gläubige den Göttern eine Art Geschenk darbringen, seien das nun ein Gebet, gute Gedanken oder ein konkreter Gegenstand. Wir Wiccaner glauben, dass der geopferte Gegenstand einen Energieaustausch zwischen uns und dem Göttlichen darstellt. Wir glauben ferner, dass derjenige, der Liebe schenkt, ebendiese Energie dreifach zurückbekommt. Als Liebesgabe wird *kein* Geld angeboten, sondern vielmehr eine Auswahl von Dingen, die mit der Liebesenergie korrespondieren (da man diese Energie ja erhält).

Benötigte Materialien: Ein Stück Papier; Füller; ein roter Teller; ein Stielglas mit süßem Rotwein (ersatzweise kann man auch ein nicht alkoholisches Getränk wie etwa Apfelsaft nehmen); einige Orangen, Weintrauben, Aprikosen und Äpfel; weißer Zucker (so viel du willst); eine rote Kerze; Rosenöl, Liebes- oder Patschuli-Öl; ein Athame (Zauberdolch); weißer Stoff.

Anleitung: Schreibe an einem Freitagabend, in der Stunde der Venus oder an Vollmond deinen Namen auf ein Blatt Papier und lege es in die Mitte des roten Tellers. Stell das Weinglas auf deinen Namen. Arrangiere außen herum die Orangen, Trauben, Aprikosen und Äpfel. Bestreue das Ganze mit weißem Zucker.

Benetze eine rote Kerze mit dem Rosenöl, deinem Liebesöl oder mit Patschuli-Öl (aber Vorsicht, Patschuli-Öl heißt auch doppelgesichtiges Öl, weil es die Eigenschaft hat, gleichermaßen die Dunkelheit wie das Licht zu verstärken). Stell die Kerze und den Teller auf deinen Liebesaltar (oder in die Mitte deines Ess- oder Küchentischs).

Halte den Athame über das Weinglas und sage:

Vom Mond zur Rebe fein,
von der Rebe bis zu diesem Wein
segne und weihe ich diesen Trank
im Namen der Liebe
und in Ehrerbietung für den Herrn und die Herrin.

Halte den Athame über die Früchte und sage:

Von der Sonne zum Baum, vom Baum zu diesen Früchten
segne und weihe ich die Fülle unserer Mutter
im Namen der Liebe und in Ehrerbietung
für den Herrn und die Herrin.

Tauche den Athame langsam in das Weinglas und sage dazu:

Wie die Wurzel zu Gott gehört
und der Kelch zur Göttin,
so werden diese beiden eins.
Im Namen von Gott-Göttin
bitte ich um dieselbe Harmonie und Liebe
in meinem Leben
wie in dieser magischen Vereinigung.
So sei es!

Wische die Klinge mit einem sauberen weißen Tuch ab. Trinke die Hälfte des Weins.

Lass das Liebesopfer (den Wein und die Früchte) zweiundsiebzig Stunden auf dem Tisch stehen. Entferne und entsorge es dann. Die Opfergabe ist nicht zum Essen gedacht.

Shakespearescher Liebeszauber mit Kerze und Kessel

William Shakespeare war einer der magischsten Schriftsteller, die die Menschheit je hervorgebracht hat. Seine Sonette wurden 1609 veröffentlicht, doch viele Fachleuten meinen, dass sie bereits in den 90er Jahren des sechzehnten Jahrhunderts entstanden sind. Die Gedichte sind insofern ungewöhnlich, als sie wohl eine durchgängige Geschichte in drei Teilen erzählen.

Den ersten Teil der insgesamt 150 Sonette hat der Autor anscheinend an einen jungen Adonis (mit anderen Worten, an einen unglaublich erotischen Typen) gerichtet. Der zweite Teil wendet sich an einen Rivalen, doch bei dieser und der zuvor erwähnten Traumbegegnung scheint es sich um ein und dieselbe Person zu handeln. Die letzte Gruppe der Sonette ist an eine junge Frau mit dunklen Augen und dunklem Teint adressiert und lässt durchblicken, dass die Frau zwar nicht von großer Schönheit ist, aber doch nur zu gut weiß, wie sie die Liebe des Autors für sich gewinnen kann. Damit wollte ich dir nur kurz zeigen, dass die Dinge sich umso stärker verändern, je mehr sie dieselben bleiben!

Versuche bei der Durchführung dieses Zaubers die Magie durch lautes Rezitieren des Sonetts Nr. 18 von William Shakespeare zu finden.

Soll ich vergleichen einem sommertage
dich der du lieblicher und milder bist?
Des maien teure knospen drehn im schlage
des sturms und allzukurz ist sommers frist.

Des himmels aug scheint manchmal bis zum brennen,
Trägt goldne farbe die sich oft verliert,
Jed schön will sich vom schönen manchmal trennen
Durch zufall oder wechsels lauf entziert.

Doch soll dein ewiger sommer nie ermatten:
Dein schönes sei vor dem verlust gefeit.
Nie prahle Tod, du gingst in seinem schatten ...
in ewigen reimen ragst du in die zeit.

**Solang als menschen atmen, augen sehn
Wird dies und du der darin lebt bestehn.**[7]

Benötigte Materialien: Selbstzündendes pulverisiertes Räucherwerk deiner Wahl (ein wenig Benzoe hilft, Blockaden in deinem Leben zu beseitigen, und schafft eine Atmosphäre, in die höhere Geister, etwa Engel, eintreten können); zerstoßene getrocknete Rosenblütenblätter; Mörser und Stößel; ein großer Metallkessel; eine rote Kerze; ein Schneidewerkzeug; Rosenöl oder Liebesöl deiner Wahl; Grillanzünder oder ein langes Streichholz.

Anleitung: Vermische das Räucherwerk und die Rosenblüten mit Hilfe von Mörser und Stößel. Verstreue die Räuchermischung innen rund um die Wandung des Kessels. Halte die Mitte des Kesselbodens von Räucherwerk frei.

Ritze in die rote Kerze die Zeichen für Venus (♀) für Liebe, Merkurs (☿) für Geschwindigkeit und Jupiters (♃) für Expansion. (Warnung: Nimm Jupiter nicht, falls dein Leben schon aus dem Gleichgewicht geraten ist, denn diese Energie könnte die negativen Umstände noch verschlimmern. Besser ist es, du führst ein komplettes Reinigungsritual durch und benutzt die Jupiterenergie erst, wenn sich dein Leben etwas stabilisiert hat.)

Ritze deine Initialen unter den Symbolen in die Kerze. Reibe die Kerze mit Rosenöl, Parfum oder einer Liebesöl-Mischung ein.

Stell die Kerze in die Mitte des Kessels. Halte die Hände über den Kessel und bitte darum, dass der Geist wahre Liebe in dein Leben bringen möge. Zieh die Flamme mit einem Grillanzünder (oder einem langen Streichholz) langsam rundum durch das selbstzündende Räucherwerk. Sobald der Rauch aufzusteigen be-

---

7 William Shakespeares Sonett »Shall I compare thee to a summer's day?« in der Übertragung von Stefan George.

ginnt, bewegst du die Hände im Uhrzeigersinn über dem Kessel (das funktioniert auch gut mit einer Feder). Bald wird sich der Rauch kräuseln. Wenn es so weit ist, zündest du die Kerze an und wiederholst Shakespeares Sonett. Lass die Kerze vollständig herunterbrennen, dann verstreue die Asche des Räucherwerks im Wind und bitte dabei um zusätzliche Segnungen.

Sieben-Knoten-Liebeszauber

Das Symbol des Knotens bezieht sich auf das Zusammenbinden von etwas oder darauf, etwas stabil zu halten. Mit Stabilität verbunden sind in der astrologischen Magie die Sternzeichen Wassermann (Luft); Löwe (Feuer); Stier (Erde) und Skorpion (Wasser). Deshalb kannst du diesen Zauber ausführen, wenn der Mond in einem dieser Zeichen steht (sieh in deinem Zauber- oder Planetenalmanach nach), du kannst den Zauber aber auch feiner abstimmen, indem du die Eigenheiten der Zeichen berücksichtigst. Luft beschleunigt, Feuer umfängt, Wasser reinigt und Erde verwurzelt. Rufe alle vier Elemente an, um den Erfolg sicherzustellen!

Benötigte Materialien: Ein 42,5 Zentimeter langes, rotes Band; Liebesöl oder dein Lieblingsparfum.

Anleitung: Nimm das Band und rezitiere den folgenden Spruch, während du die Knoten schlingst; beginne dabei in der Mitte und arbeite dich beidseits nach außen zum Bandende vor.

Mit Knoten eins die Liebe setzt ein.
Mit Knoten zwei die Liebe wird frei.

Mit Knoten drei die Liebe kommt herbei.
Mit Knoten vier mein Herz hebt sich schier.
Mit Knoten fünf die Leidenschaft wird zünftig.
Mit Knoten sechs die Liebe ist fest.
Mit Knoten sieben durch unser Blut besiegelt.
Der Spruch ist vollbracht, die Liebe sich spiegelt!
So sei es.

Tauche die Enden des Bandes in Liebesöl oder in dein Lieblingsparfum. Trage das Band bei dir. Erneuere es alle dreißig Tage.

Der Zauber der Yemaya

Figurenkerzen sind genau das, wonach sie sich anhören – in Menschengestalt geformte Kerzen. Du bekommst sie garantiert nicht im örtlichen Drogeriemarkt, aber sie sind in vielen Okkultismus- und New-Age-Läden erhältlich. Erstehe entsprechend der Liebe, die du zu dir holen willst, eine männliche oder weibliche Kerze und eine deinem Geschlecht entsprechende Kerze.

Yemaya ist die haitische Göttin des Mondes und der Nacht und wird als Muttergöttin verehrt. Ihr Hauptelement sind die Macht des Meeres und die Gezeiten des Ozeans. Sie ist auch die Beschützerin der Mütter und Kinder. Ihre Farben sind, falls du ihr Opfer bringen möchtest, Blau, Silber und Weiß.

Andere mögliche Opfergaben sind Silber, Wassermelonen, Entenfedern und mit blauem Farbstoff gefärbtes Wasser.

Benötigte Materialien: Ein weißer Teller; ein Foto von dir; weißer Sand; 2 Figurenkerzen; 6 Muschelschalen; Blütenblätter von 12 weißen Rosen; weiße Gaze; ausgewählte Opfergaben (siehe oben); eine Halskette mit weißen Perlen (oder echten Perlen, falls du eine besitzt).

Anleitung: Stell den Teller auf deinen Liebesaltar. Lege dein Foto darauf. Bedecke es mit weißem Sand. Stell die Figurenkerzen auf den Sand. Positioniere die Kerzen so, dass die Figuren einander zugewandt sind. Lege die Muscheln rund um den Teller. Bedecke sie mit den Blütenblättern von sechs Rosen (hebe die anderen sechs gut auf, du brauchst sie später noch). Lege fest, welche Art von Liebe du suchst: eine Kameradschaft, eine leidenschaftliche Begegnung mit einem Fremden, jemanden, der keine Angst vor einer langfristigen Bindung hat etc. Zeichne an Neumond deine Initialen in den Sand. Bedecke die Kerzen mit der weißen Gaze und lege ein paar Rosenblüten darauf. Halte die Hände über die Kerzen und sprich dreimal:

Yemaya, haitische Königin,
des Meeres Saum so blau und weiß.
Hebe die Hand! Greif ein! Komm zu mir hin!
Teile die Wellen für die Liebe, so heiß.
Zieh helle Kreise um mein Herz
aus roten Wogen der Leidenschaft.
Mach, dass große Kunst die Liebe werd,
füll diese Flammen, die ich erschafft.
Der Strudel in tiefen Spiralen sich dreht
und ans Licht holt den Wunsch, der mir so teuer.
Bring eine Liebe, die niemals mehr vergeht
und versiegelt ist mit Perlen aus Feuer!

Lege von Neumond bis zum Vollmond jeden Tag Blütenblätter von den anderen sechs Rosen um den Fuß der Figurenkerzen. Sage am Abend des Vollmonds die Zauberformel dreimal, dann lüfte den Schleier aus Gaze und Rosenblüten. Lege die Halskette rund um die Kerzen aus. Stelle die Liebesgabe (Federn, Wassermelone, Silber etc.) neben die Kerzen. Zünde die Kerzen an und lass sie vollständig herunterbrennen. (Wenn du die Halskette nicht beschädigen willst, kannst du den Perlenkreis so um die Kerzen legen, dass das herabfließende Wachs sie nicht erreichen kann.) Falte die Gaze und die Rosenblätter zusammen und lege sie in deinen Kleiderschrank. Trage die Perlen. Lass die Opfergabe auf deinem Liebesaltar sieben Tage lang liegen und entsorge sie dann. Sobald deine Liebe auf der Bildfläche erscheint, kannst du den Schrein abbauen. Verbrenne die Gaze und die Rosenblätter und bitte dabei um fortdauernde Harmonie in deiner Beziehung.

Liebesapfel-Zauber für einen Traumgeliebten

Phantasie ist nichts Schlechtes, und falls du in Trübsinn versinkst, so versuche doch mal, dir einen Traumgeliebten herbeizuzaubern!

Benötigte Materialien: Ein roter Apfel; ein Zahnstocher; eine Packung Gewürznelken; rotes Band; Traum anziehendes Pulver (hergestellt aus einem Teil Lavendel, einem Teil Patschuli und einem Teil rotem Puder).

Anleitung: Bohre mit dem Zahnstocher Löcher in die Schale des Apfels. Stecke in jedes Loch eine Nelke – je enger sie beisammenstehen, desto besser. Binde das rote Band um den Stiel des Apfels. Bestäube ihn mit Traumpulver. Lege den Apfel in einen gut belüfteten trockenen Bereich deines Schlafzimmers. Sage den folgenden Spruch neunmal vor dem Einschlafen:

Ich ruf mir heut eine/n Liebste/n herbei,
Mit heißen Küsse mich zu verführen.
Sein/ihr Blick verträumt und brodelnd sei.
Tief soll seine/ihre Liebe mich berühren.
Ich werde schlafen ganz fest und fein,
bis die Welt ins Morgenlicht tritt ein.
Meine Liebe wartet im Traumland sacht,
er/sie wird mir begegnen Schlag Mitternacht.

Vergiss nicht, das ist nur ein Phantasiezauber. Traumgeliebte sind keine realen Wesen. Doch manchmal, wenn wir in einer festen Beziehung leben und uns aus irgendeinem Grund in jemand anderes verknallen, kann so ein/e Traumgeliebte/r die pochende Sehnsucht lindern, bis wir den Kopf aus den sprichwörtlichen Wolken gezogen haben und unsere Füße wieder festen Boden spüren. Dann bist du vielleicht dankbar, dass du deinen Partner nicht verlassen hast, und erkennst, dass deine Gefühle flüchtiger Natur und nur die unmittelbare Folge anderer Dinge in deinem Leben waren, die du nicht richtig angepackt hattest.

»Zu beschäftigt für die Liebe?«-Zauberspruch

Verpflichtungen, persönliche Prioritäten, familiäre Aufgaben, Hobbys ... viele Dinge können deine Zeit auffressen, so dass du am Ende des Tages, wenn du dich schläfrig bereitmachst, um unter die Bettdecke zu schlüpfen, feststellst, dass wieder mal keine Zeit für die Liebe übrig geblieben ist. Wir vergessen oft, dass wir frei darüber befinden können, was wir mit unserer Zeit anfangen. Ob wir neue Freundschaften suchen oder eine bessere Kommunikation mit dem Partner, der Familie oder den Kindern, es ist unsere Entscheidung, die notwendige Zeit abzuzweigen, um diese Liebesenergie aufblühen zu lassen.

Benötigte Materialien: Täglich 5 Minuten deiner Zeit; ein Tageskalender, ein Foto aus einer Illustrierten, das deiner Ansicht nach die Art von Liebe verkörpert, die du gerne auf dich ziehen möchtest; ein in der Größe dazu passender Bilderrahmen; Patschuli-Öl; eine pinkfarbene Kerze; ein kleines weißes Tuch.

Anleitung: Nimm dir sieben Tage lang allabendlich fünf Minuten Zeit, die verschiedenen Aufgaben, die du im Laufe der Tages- und Abendstunden erledigt hast, in deinem Kalender zu notieren. Lege den Kalender am achten Tag aufgeschlagen auf deinen Liebesaltar. Stecke das Illustriertenfoto in den Bilderrahmen und lege ihn daneben. Reibe das Patschuli-Öl auf die pinkfarbene Kerze und sieh dabei das Foto an. Stell dir vor, du ziehst diese Art Liebe in dein Leben. Überlege, wie du dich fühlen wirst, wenn du dieses Ziel erreicht hast. Zünde die Kerze an und sage:

Ich ziehe meine Vorstellung von Liebe in mein Leben.

Halte die Hände über den Kalender und sage:

**Ich lasse zu, dass in meinem Leben Platz
wird für die Art von Liebe, die ich mir wünsche.**

Tauche das kleine weiße Tuch in das Patschuli-Öl. Halte die Hände über das Tuch und wiederhole die beiden Sätze. Lass die Kerze brennen, bis die Flamme von selbst erlischt. Lass das Tuch trocknen. Trage es in einer Tasche oder im Geldbeutel bei dir. Setze die Kalenderaufzeichnungen wenn möglich fort. Schau dir nach jeweils dreißig

Tagen an, was du inzwischen getan hast. Überlege, wie du dir deine Zeit besser einteilen könntest. Wirf mit Entschiedenheit die Aufgaben aus deinem Leben, die du für unwichtig erachtest.

Persönlichkeitszauber

Stell dir folgende Frage: Ist deine Wahrnehmung von Liebe so stark verkrüppelt, dass du das Gefühl hast, du solltest das Thema ganz meiden? In der Ausbildung zum Zauberer wird uns beigebracht, dass wir, wenn wir eine Veränderung herbeiführen wollen, zunächst bei uns selbst beginnen müssen – und dazu gehört, das wir unsere Wahrnehmung vom Leben und unsere Reaktionen auf die Geschehnisse in unserem Umfeld ändern. Die Zauberei verlangt außerdem, dass wir unsere inneren Werte mit denen unserer Realität in Einklang bringen, und das kann manchmal schwieriger sein, als wir vielleicht zunächst dachten.

Benötigte Materialien: 13 Blatt buntes Seidenpapier, in 7,5 mal 7,5 Zentimeter große Quadrate geschnitten; ein Füller; Liebesöl deiner Wahl.

Anleitung: Schreibe mit dem Füller eines der nachfolgenden Wörter jeweils in die Mitte eines Blattes. Die dreizehn Wörter lauten: Liebe, Ehre, Dienen, Mut, Mitgefühl, Erfolg, Geduld, Integrität, Demut, Gerechtigkeit, Selbstvertrauen, Weisheit und Freude. Tupfe ein wenig Liebesöl auf die vier Ecken eines jeden Blatts, womit die genannte Energie in dein Leben gebeten wird. Bitte darum, dass deine inneren Werte und deine Wahrnehmung der Außenwelt harmonisch miteinander verschmelzen. Rolle die Blätter zu kleinen Röhren auf oder falte sie zu kleinen Quadraten.

Lege sie unter dein Kopfkissen und bitte den Wächter der Träume, dir zu helfen, diese Energien im Schlaf in dein Leben aufzunehmen. Denk daran: Um etwas Neues in unser Leben zu bringen, müssen wir uns der Aufgabe stellen, auf andere Weise zu sehen und zu glauben.

Kreis der Schönheit

Manche Zauberer würden den Raum in deinem Haus oder deiner Wohnung den Schönheitsaltar nennen, denn hier bewahrst du deine persönliche Auswahl an Parfums, Lotions, Kosmetika, Schmuck oder Aftershaves auf – was immer du zur Verschönerung deines Körpers für nötig hältst. Es spricht nichts dagegen, diesen Bereich zu einem magischen Ort zu machen! In der Mitte meines Selbstwert-Altars habe ich einen kleinen Steinkreis, der von gut sechzig Zentimeter hohen Säulenkerzen flankiert ist. Bevor ich ein Schmuckstück trage, eine Lotion verwende oder ein Parfum nehme, lege ich sie in die Mitte des magischen Kreises und verbanne alle Negativität daraus. Ich segne sie mit Öl oder Räucherwerk, je nachdem welche Art von Aktivitäten ich in meinem Alltag erledigen werde. Manchmal belasse ich die Dinge zur zusätzlichen Verstärkung über Nacht im Steinkreis. Wenn du an deiner inneren oder äußeren Schönheit arbeitest, kannst du im Innern des Steinkreises zusätzlich einen Jadekreis anlegen. Wenn ich etwas Wichtiges in mein Leben zu integrieren versuche (Geduld, Weisheit, Mitgefühl etc.), schreibe ich auf eine Karte im DIN A-6-Format positive Bekräftigungen und stecke sie rund um meinen Spiegel an der Rückseite des Altars.

Jeden Morgen und jeden Abend wiederhole ich diese Bekräftigungen und blicke dabei in den Spiegel. Gelegentlich füge ich noch frische Blumen oder bunte Schals hinzu. Wenn du die Eigenschaften einer bestimmten Person bewunderst, dann kannst du deren Bild auf den Selbstwert-Altar stellen. Das soll nicht heißen, dass du diese Person anbetest, sondern dass du versuchst, die Art von Energie zu erhalten, die der/die Betreffende an den Tag legt. Entscheidend für deinen Selbstwert-Altar ist, dass du diesen Bereich sauber hältst und alle Dinge, die du nicht mehr verwendest, entfernst.

Willst du sexy sein?

Lerne zuzuhören. Das ist alles. Das ist der ganze Zauberspruch!

Sieben-Tage-Liebeszauber

In der Zauberei der Südstaaten, vor allem rund um New Orleans, dominieren spirituelle Bäder. Viele Praktizierende glauben dort, dass ein Zauber nicht richtig durchgeführt werden kann, wenn der Körper nicht zuvor durch eine körperliche und geistige Reinigung darauf vorbereitet wurde. In diesem Zauberspruch arbeiten wir mit dem spirituellen Bad und dem bekannten Sieben-Tage-Zauber.

Benötigte Materialien: Ein Kaffeefilter; zerstoßener Liebstöckel, Veilchenwurzel und Zimt (deine Intuition sagt dir, wie viel du davon nehmen sollst); 1 Teelöffel Honig; ein Tucker, ein Schneidewerkzeug; 2 pinkfarbene Kerzen; Zitronensaft; eine weiße Kerze; Salbei- oder Benzoe-Räucherwerk; ein Liebe anziehendes Öl deiner Wahl.

Anleitung: Dieser Zauber beginnt an einem Freitagabend (Venustag) mit einem spirituellen Bad, das einen Liebesfilter enthält. Lege den zerstoßenen Liebstöckel, die Veilchenwurzel und den Zimt in einen Kaffeefilter. Lass den Honig auf die Kräuter tropfen. Tucker den Filter zu. Zünde eine pinkfarbene Kerze an und lass den Filter ins heiße Badewasser sinken. Nimm ein schönes, entspannendes Bad. Dusche dich mit klarem Wasser und etwas Zitronensaft ab (um jede Negativität aus deinem Körper zu vertreiben). Räuchere dich, sobald du aus der Wanne gestiegen bist, mit Salbei- oder Benzoerauch zur zusätzlichen Reinigung.

Stelle zwei pinkfarbene Kerzen ca. 17 Zentimeter voneinander entfernt auf deinen Liebesaltar. Stelle eine weiße Kerze dazwischen. Wir nehmen Pink, weil wir eine Freundschaft oder Liebesbeziehung beginnen wollen. (Benutze bei diesem Zauber nur dann rote Kerzen, wenn du lustvollen Sex ohne weitergehende Verpflichtung haben willst.)

Ritze deinen Namen in eine pinkfarbene Kerze. Schreibe auf die andere: *Die richtige Person für mich*. Die weiße Kerze soll sicherstellen, dass der Geist über deine Zauberarbeit wacht und die passende Person zu dir zieht. Du kannst auch den Namen eines Gottes oder einer Göttin auf die weiße Kerze schreiben. Reibe alle drei Kerzen mit Liebe anziehendem Öl oder einem anderen Öl deiner Wahl ein. Auch das Liebe anziehende Eau de Cologne (Seite 50) eignet sich für diesen Zweck.

Zünde sieben Tage lang täglich alle drei Kerzen an und bitte den Geist, Liebe in dein Leben zu bringen. Lass die Kerzen sieben Minuten lang brennen und schiebe dann die pinkfarbenen Kerzen etwa zweieinhalb Zentimeter näher aufeinander zu. Am letzten Tag sollten alle drei Kerzen sehr dicht beieinander stehen. Wenn du die Kerzen so eng zusammenstellst, dass sie sich berühren, solltest du sie sorgfältig im Auge behalten, denn dies könnte zur falschen Art von Feuer führen (wenn du verstehst, was ich meine). Es ist aus Sicherheitsgründen besser, man hält sie ein klein wenig voneinander entfernt.

Lass die Kerzen am siebten Tag vollständig herunterbrennen. Nimm die noch verbliebenen Kerzenstumpen (es ist nicht tragisch, wenn keine übrig bleiben) und wickle sie in ein pinkfarbenes Tuch. Lege die erkalteten Kerzenstumpen unter dein Bett. Wenn dein Liebhaber auftaucht, vergräbst du sie in deinem Garten. Nimm weiterhin jeden Freitag ein Liebesbad, bis dein Liebhaber sich manifestiert.

Venus-Geist-Topf

Dieser Zauber ist ein wenig komplizierter als die anderen, doch wenn du zu allem bereit bist, um die sprudelnde Essenz der Liebe zu dir zu holen, dann ist es genau der richtige!

Benötigte Materialien: Eine Statue oder ein Bild von Venus; ein Ziertopf mit Deckel in der Größe deiner Wahl; das astrologische Zeichen der Venus (♀) auf weißes Pergament gezeichnet; Blütenblätter von 21 (!) verschiedenen Blumen; 1 Teelöffel Eisenkraut; 1 Teelöffel zerstoßene Lorbeerblätter; 1 Teelöffel Erde von der Ein- und Ausfahrtstraße deiner Stadt auf der Höhe des Ortsschilds; 1 Rosenquarz; 1 Amethyst; dein liebstes Liebesräucherwerk; 13 mit deinem bevorzugten Liebe anziehenden Öl oder dem Cologne (Seite 50) eingeriebene pinkfarbene Kerzen; ein Holzstock deiner Größe, verziert mit 7 bunten Bändern (den Farben des Regenbogens) und 7 Glöckchen; 1 Glas Wasser; 1 Orange.

Anleitung: Stelle die Venusstatue oder das -bild auf deinen Altar. Bete am Venustag (Freitag) in der Venusstunde (wenn möglich) über allen Materialien und reinige und weihe sie dabei. Bitte

Venus, dir bei dem Ritual zu helfen. Ziehe einen magischen Kreis, rufe die vier Himmelsrichtungen an und bitte sie um Segnungen der Liebe. Lege das Venuszeichen auf den Boden des Topfs und fülle ihn in folgender Reihenfolge, wobei du jedes Mal, wenn du etwas hineinlegst, um Segnungen bittest, mit: Blütenblättern; Eisenkraut, Lorbeer, Erde von der Ein- und Ausfahrt in deiner Stadt, Rosenquarz und Amethyst. Lass den Topf offen. Zünde das Liebesräucherwerk an. Zeichne in der Mitte deines Kreises das Symbol der Venus auf den Boden. Stelle außen herum die dreizehn pinkfarbenen Kerzen auf. Entzünde die Kerzen. Gib wenn nötig noch mehr Räucherwerk hinzu.

Klopfe mit dem geschmückten Holzstock siebenmal auf den Boden und bitte Venus, dir den Geist der Liebe zu bringen, damit er hilft, Liebe auf dich zu ziehen. Schreite siebenmal im Uhrzeigersinn um den Topf herum und tippe dabei mehrfach mit dem Stock auf den Topf, wobei du zu Venus singst, betest und sprichst und sie um Hilfe in der Liebe bittest. Warnung: Lege in den Spruch keinerlei Ärger oder Frustration oder du bekommst genau das! Lege den Deckel auf den Topf und versiegle ihn mit dem pinkfarbenen Wachs einer der Kerzen.

Lösche die Kerzen mit einem Kerzenlöscher. Stelle den Topf auf deinen Altar. Hebe die Kerzen auf. Danke Venus, entlasse die vier Himmelsrichtungen und hebe dann den Kreis auf. Rühre den Topf sieben Tage lang nicht an. Am darauf folgenden Freitag ziehst du erneut deinen Kreis, rufst die vier Himmelsrichtungen und bittest um die Gegenwart von Venus. Male das Zeichen der Venus ein weiteres Mal in die Mitte des Kreises. Lege wie zuvor das angezündete Räucherwerk und die Kerzen rund um den Venustopf in der Kreismitte aus. Zünde die Kerzen an. Schreite wieder siebenmal im Uhrzeigersinn um den Kreis, rufe Venus an, singe, bete und klopfe mehrfach mit dem geschmückten Holzstock gegen den Topf.

Jetzt kommt der knifflige Teil. Öffne den Topf. Nenne deinen Wunsch ganz konkret. Zum Beispiel:

Geist der Liebe, im Namen von Venus
bitte ich dich, das Universum nach der Person abzusuchen,
die für mich die richtige ist, und sie zu mir zu bringen,
wenn der Zeitpunkt der richtige ist.
Gib mir ein positives Zeichen,
damit ich diese Person erkenne, wenn ich ihn/sie treffe.
Das Zeichen wird sein: *(bestimme das Zeichen).*
Wenn es nicht der richtige Zeitpunkt ist,
sag mir bitte, welche positiven Schritte ich unternehmen
sollte, um mich auf diese Person vorzubereiten.
Wenn du zurückkehrst, bekommst du das Wasser
und die Orange als Opfergabe.
Dir bleiben sieben Tage, um diese Aufgabe zu vollbringen!
So sei es!

Trage den Topf und die Kerzen zu deinem Liebesaltar. Danke Venus, gib die vier Himmelsrichtungen frei und hebe anschließend den magischen Kreis auf. Lass den Deckel des Topfes sieben Tage lang beiseite. Ziehe am folgenden Freitag den magischen Kreis, rufe die vier Himmelsrichtungen und bitte Venus um Hilfe. Stell den offenen Topf zusammen mit dem Glas Wasser und der Orange in die Mitte des Kreises und außen herum die pinkfarbenen Kerzen. Zünde die Kerzen und das Räucherwerk an. Rufe den Liebesgeist zum Topf zurück und klopfe dabei einmal mit dem geschmückten Stock auf den Topf. Lege den Deckel drauf. Stelle den Topf mit dem frischen Wasser und der Orange zurück auf den Altar.

Wenn du nach Ablauf von sieben Tagen die Liebe nicht entdeckt hast, dann sieh dir genau die Informationen an, die du während der drei Wochen darüber erhalten hast, wie du dich selbst verbessern könntest. Führe diese Verbesserungen durch, dann sende wieder deinen Liebesgeist aus, dir Liebe zu bringen. Falls nach sechzig Tagen keine neue Liebe in dein Leben getreten ist, wiederholst du die ganze Prozedur noch einmal.

Wenn du dein Geschenk der Liebe erhalten hast, ist es wichtig, dass du geweihtes Wasser in den Topf gießt und den Inhalt dann entfernst. Vergrabe den Inhalt außerhalb deines Grundstücks, zerbrich den Topf und sende die Liebesenergie der Göttin Venus zurück. Wenn du das nicht tust, wird der Liebesgeist verärgert reagieren und mehr Schaden als Gutes in dein Leben bringen. (He, ich habe doch gesagt, das ist ein heikler Zauber!)

Zauberspruch für ein liebevolles Haustier

Mache einen Rundgang durch die Tierfutterabteilung eines Supermarkts oder gehe in eine Tierhandlung. Wenn du bereits weißt, was für ein Tier du gerne hättest, so verweile eine Zeit lang in dem betreffenden Bereich. Denke über den Charakter des Haustiers nach, das du haben möchtest. Überlege, wie viel persönlichen Freiraum du brauchst, wie viel Zeit du dem Tier widmen kannst und wie die Beziehung zu ihm aussehen soll. Hast du noch andere Haustiere? Wie werden sie von ihrem Wesen her zu dem neuen Hausgenossen passen?

Benötigte Materialien: Kaufe ein kleines Spielzeug für dein neues Haustier, ein Buch über die Pflege des Tiers und 1 Dose

Tierfutter; weißes Tonpapier; farbige Marker, Stifte oder Filzstifte; eine weiße Kerze.

Anleitung: Lies das Buch über Tierpflege ganz durch. Das musst du tun, damit der Zauber funktioniert. Selbst wenn du bereits ein Haustier besessen hast und sicher bist, dass du alles über diese Spezies weißt, gibt es doch immer noch etwas Neues zu lernen. Wenn du das Buch gelesen hast, dann schneide ein Stück weißes Tonpapier aus und wickle es um das Dosenfutter. Schreibe darauf mit bunten Markern, Stiften oder Filzstiften all die Dinge, über die du bei deinem Besuch in der Tierabteilung nachgedacht hast. Soll das Tier groß sein (bist du sicher, dass du genug Platz hast?)? Hättest du lieber ein Männchen oder ein Weibchen (ist das überhaupt wichtig?)? Wie viel Zeit wird dein Tier alleine verbringen müssen? Falls dies sehr viel ist, denke zweimal darüber nach, ein Tier in dein Leben zu holen. Nur weil sie vier Pfoten (oder zwei Vogelbeine) haben, heißt das noch lange nicht, dass sie weniger wert sind als ein menschliches Wesen. Besitzt du das notwendige Geld für die Versorgung eines Haustiers? Bitte denk darüber genau nach. Wenn für Menschen harte Zeiten anbrechen, sind sie oft gezwungen, sich von ihren Haustieren zu trennen, weil sie sich deren Unterhalt nicht mehr leisten können. Wenn du über all diese Dinge sorgfältig nachgedacht hast und die Bedürfnisse deines neuen Freundes problemlos erfüllen kannst, darfst du mit dem Zauber beginnen.

Klebe das Papier auf die Futterdose. Lege das Spielzeug oben drauf. Halte die Hände darüber und sage:

Mutter des Waldes, Vater der Berge und Täler,
bringt mir einen geliebten, schönen tierischen Freund.
Ich verspreche, mich um ihn zu kümmern
und seine Bedürfnisse zu meinen eigenen zu machen.

Ich verspreche, verantwortungsbewusst zu sein
und ihm ein ganz besonderes Heim zu bereiten.
Mutter des Waldes, Vater der Berge und Täler,
bitte bringt mir einen geliebten,
einen wunderschönen tierischen Freund.
So sei es.

Lege das Spielzeug und die Dose an die Vordertür. Lass die Gegenstände dort, bis dein Haustier den Weg in dein Zuhause findet. Das soll nicht heißen, dass das Tier geradewegs in dein Haus springen wird – du musst dich schon auf die Suche danach begeben. Gib dem Zauberspruch wenigstens sieben Tage, damit er an Fahrt gewinnt. Wenn du am siebten Tag das Tier, das du suchst, noch nicht gefunden hast (oder wenn du es vorgezogen hast zu warten), zündest du eine weiße Kerze auf deinem Liebesaltar an und wiederholst den Spruch, während du das Dosenfutter und das Spielzeug in den Händen hältst. Lass die Kerze vollständig herunterbrennen.

Sobald der neue Bewohner sich in deinem Heim häuslich niedergelassen hat, unternimmst du einen weiteren Ausflug zur Tierhandlung. Decke dich mit Bergen von Leckereien für dein Haustier ein und kaufe zehn Dosen Tierfutter mehr, als du brauchst. Gib diese Dosen auf dem Nachhauseweg als Opfergabe für die Göttin bei einer örtlichen Wohlfahrtseinrichtung ab.

Zauber für den Traumjob

Liebst du deinen Job? Wenn du mit deiner Arbeitsstelle nicht tagtäglich glücklich bist, ist es ziemlich schwer, nach Dienstschluss noch Gefühle aufzubringen.

Benötigte Materialien: Eine grüne, mit 3 Tropfen deines bevorzugten Erfolgsöls eingeriebene Sieben-Tage-Kerze; eine Schüssel aus natürlichem Material (aus Muscheln, Holz oder Ähnlichem – kein Metall); Kaugummi; Wiesenampfer; Fingerkraut; 4 gemahlene Cashewnüsse; 1 Tonka-Bohne; 7 Weizenähren (die bekommst du in einem Bastelgeschäft); eine aufgerollte 10-Euro-Note; grünen Basispuder; dein bevorzugtes Räucherwerk; Ladestein (optional).

Anleitung: Nimm ein spirituelles Bad. Weihe alle Materialien im Namen einer Gottheit und nenne dein Ziel. Beginne an Neumond, so nah wie möglich an einem Sonntag (Erfolg) oder Freitag (Vergünstigungen, Prämien etc.). Zünde eine Kerze an. Bitte den Geist (oder deinen bevorzugten Archetypen), eine positive berufliche Veränderung in deinem Leben zu bewirken. Gib nacheinander die Kräuter, Cashewnüsse, Tonka-Bohne und Weizenähren in die Schüssel, zuletzt den aufgerollten 10-Euro-Schein. Bestreue das Ganze mit dem grünen Puder (du kannst auch grünes Räucherwerk nehmen, auch wenn du es nicht anzünden wirst). Zünde in einem anderen Behältnis das Räucherwerk an (aber nicht das in der Schüssel!). Puste mit deinem Atem den duftenden Rauch über die Schüssel und konzentriere dich dabei auf eine positive Veränderung in deinem Beruf. Puste den Rauch über den Ladestein. Trage den Stein in einer Tasche oder im Geldbeutel bei dir, um den gewünschten Job zu dir zu ziehen. Lass die Kerze vollständig herunterbrennen. Wenn sich innerhalb von dreißig Tagen keine positive berufliche Veränderung ergibt, wiederholst du den Zauber noch einmal.

Mai-Liebeswasser

Verwende es zum Putzen, reibe damit Kerzen ein, sprenge es auf Liebessäckchen und -püppchen oder benutze es beim Knotenzauber.

Benötigte Materialien: Ein für Liebe ermächtigter Quarzkristall; im Monat Mai gesammeltes Wasser; ¼ Teelöffel silberner Glimmer; ein sauberes Gefäß mit Deckel.

Anleitung: Vermische die Zutaten in einem sauberen Gefäß. Ermächtige sie im Schein des Vollmonds im Mai (am besten an Beltaine – dem 1. Mai).

Persönliches Liebespüppchen

Bei meinen Nachforschungen zum Volkszauber stellte ich fest, dass man nahezu alles als Püppchen verwenden kann. Ich habe Zwiebeln, Kartoffeln, Karotten, handgenähte Puppen und Kreationen aus Draht, Holz und Stein gefunden. Bei diesem Zauber benutzen wir für das Püppchen weißen Filz, aber du kannst auch jederzeit mit einem der oben genannten Materialien arbeiten.

Benötigte Materialien: Weißer Filz; pinkfarbenes Garn; Watte; Kräutermischungen deiner Wahl; ein kleines Foto von dir; eine weiße, mit Liebe anziehendem Öl oder Eau de Cologne eingeriebene Kerze; ein silbernes Glöckchen.

Anleitung: Bastle an Neumond mit dem weißen Filz und dem pinkfarbenen Garn das Püppchen. Stopfe es mit geweihter Watte und einer der in diesem Kapitel genannten Kräutermischungen aus. Lege auch ein kleines Foto von dir hinein. Schließe die Nähte der Puppe. Zeichne auf deinem Liebesaltar mit derselben Kräutermischung das astrologische Symbol der Venus (♀). Lege das Püppchen auf das Symbol. Zünde eine weiße mit Liebe anziehendem Öl oder Eau de Cologne eingeriebene Kerze an. Läute das silberne Glöckchen dreimal über dem Püppchen und intoniere anschließend dreimal folgende Fürbitte:

Ich flehe dich an, oh Venus,
Göttin der Liebe, des Wachstums und der Schönheit,
bring Ordnung in mein Leben.
Segne mich mit Liebe, sinnlichen Erfahrungen
und Selbstvertrauen.
Mutter Venus, beschütze den Garten
und die Weinberge meines Herzens.[8]

Lege das Püppchen unter dein Bett.

Liebesmagnet-Badesalz

Wer kann über die Nuancen der Liebe besser Bescheid wissen als jemand, der mehr als 30 Liebesromane geschrieben hat? Maggie Shayne, der Autorin von *Eternity*, *Infinity* und dem kürzlich erschienenen Buch *Destiny*, verdanken wir ein besonderes Rezept, mit dem du die Liebe deiner Träume herbeiholen kannst.

8 Die römische Venus ist mit der sabinischen Vacuna, der etruskischen Turan und der griechischen Aphrodite verbunden. Ihr Festtag ist der 23. April.

Benötigte Materialien: 3 Tassen Bittersalz; 2 Tassen Backpulver; 1 Tasse Tafelsalz; 10 Tropfen Vanille-Öl; 10 Tropfen Geranien-Rosenöl; 3 Tropfen Vanille-Öl (um einen Mann anzuziehen) oder 3 Tropfen Patschuli-Öl (um eine Frau anzuziehen); 2 Tropfen Klee-Öl; 20 Tropfen rote Lebensmittelfarbe; 1 Hand voll getrockenete Rosenblüten in Rot oder Pink; ein durchsichtiges Gefäß mit Deckel.

Timing: Stelle das Ganze an einem Freitag während des Neumonds oder ersten Mondviertels her. (Wenn der Mond in der Waage steht, ist das ein zusätzlicher Vorteil!)

Anleitung: Beginne mit Scott Cunninghams »Basic Bath Salts Base« und vermenge sie mit den ersten drei oben genannten Zutaten. Gieße die Mischung in eine große irdene Schüssel und vermische sie gut. Nimm dafür die Hände. Denn du willst ja mit deiner Kreation persönlich in Verbindung stehen!

Füge das Geranien-Rosenöl (für Liebe) hinzu und sage so etwas wie:

Mann/Frau meiner Träume,
komm zu mir und bring mir wahre Liebe!

Mische das Ganze erneut. Füge das Vanille-Öl hinzu (für Leidenschaft) und sage:

Komm zu mir und bring mir deine Leidenschaft!

Mische das Ganze erneut. Menge das Lavendelöl (um einen Mann anzuziehen) beziehungsweise das Patschuli-Öl (um eine Frau anzuziehen) darunter und sage:

Wie ein Magnet ziehe ich die Liebe an!

Mische das Ganze noch einmal. Füge nun das Klee-Öl hinzu und sage:

Dauerhafte wahre Liebe beginne!

Du kannst die Mischung auch abändern – nimm weniger Vanille und mehr Rosen für eine süßere zahmere Liebe oder für die wildere Variante mehr Vanille und weniger Rosen. Aber erhöhe nicht den Anteil an Lavendel, Patschuli und Klee, sonst überdecken deren Düfte die der anderen Stoffe, und die Anzahl der genannten Tropfen hat auch einen Symbolgehalt. Achte darauf, dass du das Salz mit der magischen Absicht lädst, wenn du die Mischung nach jeder neuen Beigabe mit den Händen vermengst. Gib die Vanille hinzu und denke dabei an großartigen Sex und unvergängliche Leidenschaft. Beim Geranien-Rosenöl konzentrierst du dich in Gedanken auf ewig währende, tiefe, wahre Liebe. Bei Patschuli oder Lavendel visualisierst du die gewünschte Art von Person, jedoch nicht eine bestimmte Person. Beim Klee-Öl visualisierst du Treue – die wahre und unvergängliche Liebe. Stell dir die Energie bildlich vor und stoße sie in das Salz. Hole beim Kneten mehrmals tief Luft und walke die Mischung gut durch, bis die Öle sich ganz verteilt haben.

Als Nächstes fügst du zwanzig Tropfen rote Lebensmittelfarbe hinzu. Du kannst für eine dunklere Färbung (eine leidenschaftlichere Liebe) auch mehr nehmen oder aber weniger für eine hellere Farbe (eine romantischere Liebe). Vermenge das Ganze wiederum mit den Händen. Du kannst dabei auch zuerst mit einem Holzlöffel ein- oder zweimal umrühren, damit deine Hände nicht direkt mit der Farbe in Berührung kommen, doch nimm anschließend wieder deine Hände. Das ist sehr wichtig – die Hände in der Mischung zu haben und die Textur zu spüren, wenn die Salzkörner durch deine Hände und über deine Finger rieseln. Es ist ein sinnliches Erlebnis. Man muss ausgiebig und lange mit den Händen kneten, damit sich die Öle und die Farbe gleichmäßig verteilen, aber dabei ist noch wichtiger, dass das Salz ermächtigt wird.

Anschließend fügst du, wenn du möchtest, die getrockneten Rosenblüten der Mischung bei. Sie werden auf dem Badewasser schwimmen und dich subtil an den Zweck des Salzes erinnern. Wähle auch hier die Farbe entsprechend deiner Wünsche aus: Dunkelrot, kräftiges oder helles Pink. Bleibe jedoch bei Rot oder Pink. Visualisiere, wie die Liebe deines Lebens gerade in diesem Augenblick genau wie die Rosenblätter auf dem Wasser irgendwo draußen in der Welt umhertreibt und nur darauf wartet, dich zu finden. Schütte das Salz in ein durchsichtiges Gefäß und verschließe es fest. (Einmachgläser, Marmeladengläser und Ähnliches eignen sich gut dafür.)

Anwendung: Versetze das Badewasser mit einer halben Tasse Salz und lege dich hinein, wenn du die Liebe in dein Leben holen möchtest.

Du kannst auch zur Verstärkung deiner Absicht einen kleinen Zauberspruch aufsagen, während du das Salz in die Wanne rieseln lässt:

Perfekte/r Liebste/r, komm ohne Scheu
und sei lieb, leidenschaftlich und treu.
Schenk dein Herz in Aufrichtigkeit mir,
dann will mein Herz auch ich schenken dir.
So sei es.

Bade bei Kerzenschein. Trockne dich anschließend mit einem Handtuch ab.

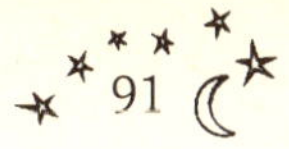

All You Need Is Love

Wenn du Selbstmitleid empfindest und dich nach einem bisschen Liebe sehnst oder dich nach dem Gefühl des Verliebtseins verzehrst, dann ist das der richtige Zauber für dich.

Er stammt von SilverStar, einem Rockstar aus Ohio, und du wirst die sinnliche Art mögen, wie der Zauber dich davon abhält, die Liebe, die du bereits hast, oder die neuen Avancen, die du ablehnst, weiter zu sabotieren. Du darfst nicht vergessen, dass du Liebe verdienst. Das ist einer der Zaubersprüche, die die Trennlinie zwischen den Kapiteln »Wie du dir Liebe beschaffst« und »Wie du dir die Liebe erhältst« überschreiten. Deshalb kann er für beide Zwecke eingesetzt werden.

Benötigte Materialien: Eine pinkfarbene Kerze; ein Spiegel; ein Zauberdolch oder eine Zaubernadel; 1 Flasche mit Vanille parfümiertes Öl, Liebesöl, Liebes-Eau-de-Cologne oder Segnungsöl (zu den Korrespondenzen der Vanille gehören Venus, das Element Wasser und die Energien der Liebe, Lust und geistigen Kraft); eine Hand voll getrockneter und gemahlener Wiesen-Frauenmantel (perfekt geeignet für Liebeszauber: weiblich, Venus, Element Wasser); ein besonderer Kerzenhalter, den du mit Liebe verbindest.

Anleitung: Halte bei zunehmendem Mond am Tag und in der Stunde von Venus die pinkfarbene Kerze vor dich und blicke in den Spiegel. Sage:

Frau Venus, ich ritze meinen Namen
in diese Kerze dreimal ein.
Hilf mir, geliebt und frei
und mit jemandem eins zu sein.
Ich mache dazu den ersten Schritt

und bessere mein Leben mit meinem Willen
und Wort und mit den Zaubergeistern.
Hilf mir, die qualvollen kalten Nächte zu meistern,
denn durch mich kommt der Wandel,
der die Liebe in mein Leben bringt.

Nimm den Zauberdolch oder die -nadel und ritze deinen Namen dreimal in die pinkfarbene Kerze: einmal für die Liebe zu dir selbst (stell dir vor, dass du dich wohl fühlst, glücklich und sicher, und dass du auf alles, was du tust, stolz bist), das zweite Mal für deine Liebe zu einem anderen (sieh dich selbst glücklich und verliebt – denk daran, dass du auf keinen Fall eine bestimmte Person dabei ins Spiel bringen darfst) und das dritte Mal für die Liebe eines anderen zu dir.

Visualisiere dies weiter, während du die Kerze mit deinem speziellen Öl einreibst. Sage Folgendes:

Eins mit der Flamme
ist mein inneres Feuer,
oh Venus, erfüll mir
den Wunsch, der mir so teuer.

Spüre, wie die Macht und Emotion dessen, was du zu erreichen wünschst, durch deine Hände strömt und die Kerze lädt, bis dir die Finger pochen. Rolle die parfümierte Kerze im Wiesen-Frauenmantel hin und her. Stecke die Kerze in einen speziellen Halter und zünde den Docht an. Streue das restliche Kraut um den Fuß der Kerze herum. Du kannst die Kerze bis zum Vollmond mehrmals brennen lassen; der Vollmond ist der richtige Zeitpunkt, sie ganz herunterbrennen zu lassen oder den Rest auf deinem Grund und Boden zu vergraben. Blase die losen Kräuterteilchen von deiner Handfläche in den Wind des Wandels. Die Resultate solltest du beim nächsten Vollmond sehen. Ich rate dir, die Kerze auch während eines Spiritualbads anzuzünden und über die Veränderungen zu meditieren, die du in deinem Leben für nötig hältst, um ein besserer Mensch zu werden. Meditiere außerdem darüber, wie dieser Wandel dein Selbstvertrauen und deine gesamte Erscheinung verbessern wird.

Kater-Trank

(Nur für Jungs)

Hier ist ein toller Zauber, der dir hilft, dich von deiner besten Seite zu präsentieren.

Benötigte Materialien: Je 1 Teelöffel der folgenden Kräuter: Damiana, Sägepalme, Yohimbe, Ginseng, Gotacela; 1 Flasche Wodka; dein bevorzugtes Eau de Cologne für Herren; ein dunkle Flasche mit Verschluss.

Anleitung: Lass die Kräuter zwei Wochen lang im Wodka ziehen. Seihe sie ab. Mische in einer anderen dunklen Flasche einen Teil der Wodka-Kräuter-Mischung mit zehn Teilen Eau de Cologne (du willst ja nicht wie eine Destille riechen, das würde sie nur vertreiben). Du kannst auch damit experimentieren, um herauszufinden, welche Mischung am besten zu deiner Körperchemie passt. Tupfe ein wenig von der Mixtur auf deine Chakra-Punkte (Scheitel, Stirn, Hals, Herz, Nabel, Solarplexus und Leiste), und dann geh auf die Pirsch (auf positive Weise natürlich). Mit dem Rest der Wodkamischung kannst du Püppchen und dergleichen parfümieren. Sei vorsichtig, Alkohol ist leicht entflammbar. Und du willst deinen Liebesaltar ja nicht in Brand setzen!

94

Ich hab's nötig
(Für Jungs und Mädchen!)

Wenn du dich für das große Date zurechtmachst, zündest du eine rote Kerze an und sprichst folgende Fürbitte:

Aphrodite, griechische Göttin des Himmels,
Spenderin der Schönheit, Liebe und Sexualität,
öffne für mich die Pforten der Liebe heut Nacht.
Aphrodite, bring mir dieselbe Begierde,
die in dir Adonis entfacht!

Trage die Kerze zur Vordertür, mache das Zeichen des Pentagramms (siehe Abbildung), öffne die Tür und sage dreimal:

Göttin der Mond beschienenen Nacht,
lass mich nicht schlafen allein heut Nacht![9]

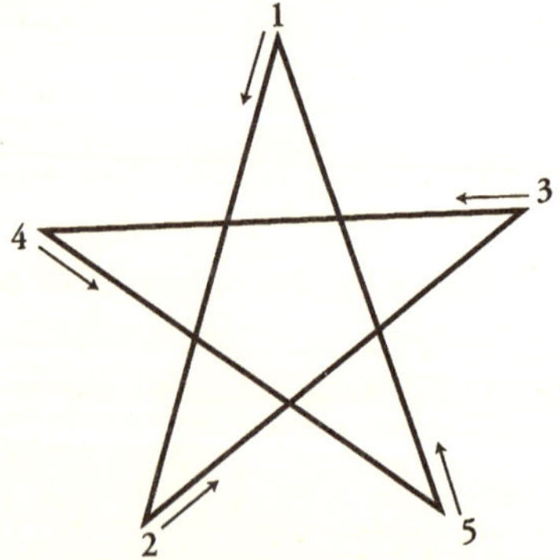

Beschwörendes Pentagramm

---

9 Aus *The Little Black Book* von Lord Ian Markiv.

Sei vorsichtig, denn dieser Spruch kann alle Lichter im Haus löschen. Das ist kein Witz. Du kannst die Worte auch auf einer Party, in einem Dance Club oder bei einem anderen geselligen Beisammensein sprechen.

Warnung: Die Wirkung des Zaubers ist nur von kurzer Dauer.

Liebeszauber für Verstorbene

Das ist ein Geschenk der Liebe und Energie, das man jemandem macht, den man sehr geliebt hat, der aber verstorben ist (ja, du kannst diesen Zauber auch für ein Haustier nehmen). Du hast vielleicht jemanden verloren und das Gefühl, etwas tun zu müssen, oder vielleicht ist der Betreffende seit etwa einem halben Jahr tot und du bist für eine Art Abschluss bereit. Es kann der Geburtstag des Verstorbenen sein und du möchtest ihm gerne auf irgendeine Art eine letzte Ehre erweisen. Wie du den Zauber in deinem Leben anwendest, steht dir frei.

Benötigte Materialien: Ein Bild des Verstorbenen, eine Lieblingsspeise oder -blume und ein Lieblingsgegenstand des Verstorbenen; eine violette, mit Patschuli-Öl eingeriebene Kerze.

Anleitung: Begib dich in der Stunde des Saturn (der Stunde der Toten) oder um Mitternacht zu deinem Liebesaltar. Stell das Bild aufrecht darauf. Umgebe es mit Blumen (Speisen) und dem Lieblingsgegenstand. Halte die Hände über das Bild und sage:

Segen über dich, mein Ferner,
Im Namen des Herrn und der Herrin.

Ich sende dir positive Energie, wo immer du sein magst.
Von den höchsten Höhen des Himmels
bis zu den tiefsten Gründen der Erde,
Ich sammle die Kraft, die du brauchst,
um über das Grab hinaus auf positive Weise
in der Welt zu wachsen und dich zu verändern.

Spüre, wie die Kraft in dir wächst, dann zünde die Kerze an und sage:

Ich sende dir diese liebende Energie.
Mein Geschenk fließt zu dir durch die Ewigkeit.
So sei es.

Lass die Kerze vollständig herunterbrennen.[10]

Anmerkung: Viele Zauberer haben Ahnenschreine zu Hause, die bestimmten Menschen oder ganz allgemein geliebten Wesen geweiht sind.

Kiponas selbst gemachte Zauberkerze für mehr Pep[11]

Herrscht in deinem Liebesleben Flaute? Musst du den Dingen ein klein wenig mehr Pep geben? Hier ist ein Zauber, der dir genau erläutert, wie du Zauberkerzen selbst herstellen kannst, und bewirkt,

---

10 Siehe für tiefer gehende Rituale zu Ehren unserer geliebten Dahingeschiedenen auch mein Buch *Halloween* (Llewellyn, 1999).

11 Verfasst von Kipona aus dem Black Forest Clan, Coven of the Pale Horse, © 2000.

dass dein Liebesleben mit ein bisschen Zauberei einen kleinen zusätzlichen Kick bekommt.

Benötigte Materialien: Ein ausgemusterter Kochtopf oder Topf mit doppeltem Boden; Wachs; Katzenminze; ein alter Spatel oder Stock zum Umrühren; ein Docht; Formen; Zwiebelschale; Zitronenverbene; Salbei; Kamille und Wildblumenwurzeln; ein paar Rosenblüten; eine pinkfarbene oder weiße Kerze (oder in einer Farbe deiner Wahl); und eine Blechdose (wird noch näher beschrieben).

Bottiche zum Wachsschmelzen gibt es bei diversen Kerzenmacher-Lieferanten. Sie sind speziell für diesen Zweck hergestellt, besitzen Thermostate zur Temperaturkontrolle und viele Typen haben mehrere getrennte Kammern. Diese Bottiche sind zumeist ziemlich teuer und werden nur von professionellen Kerzengießern verwendet. Für den Privatgebrauch empfehle ich, bei örtlichen Wohltätigkeitsbasaren, der Heilsarmee, Wohnungsauflösungen, Flohmärkten etc. alte Töpfe zu kaufen. Denn für diese Prozedur willst du bestimmt nicht deine guten Kochtöpfe verwenden! Du musst den Topf, in dem du das Wachs schmelzen willst, in einen Kochtopf mit Wasser stellen, so dass du ein Wasserbad hast. Schmelze das Wachs niemals direkt auf der Herdplatte oder in der Mikrowelle. Wenn du mehrere Farben gleichzeitig schmelzen willst, so kannst du einige hohe Konservengläser oder Kaffeedosen zusammen in einen großen Topf mit Wasser geben. Dann kannst du bunte Kerzen ziehen oder gießen. Vergiss nicht, beim Herausholen der Dose einen Topflappen zu benutzen. Du kannst auch mit der Kneifzange einen Ausgießer in die Dose drücken, um das Gießen zu erleichtern. Alte Metallgefäße oder große hitzebeständige Messbecher aus Glas eignen sich für kleine Mengen ebenfalls bestens. Messbecher sind praktisch, da sie Markierungen besitzen, so dass du das Wachs abmessen kannst. Du kannst auf deinen Dosen und Behältern natürlich auch selbst Markierungen anbringen.

Anleitung: Fülle den Kochtopf mit Wasser. Bring das Wasser zum Kochen, schalte dann die Hitze herunter und stell die Behälter ins Wasser. Behalte sie sorgsam im Auge. Wenn du zu viel Wachs auf einmal zu schmelzen versuchst, könnte ein Feuer entstehen. Halte am besten einen Deckel bereit, den du im Notfall schnell auf den Topf legen kannst. Diese Methode des Wachsschmelzens funktioniert mit einem Gas- oder Elektroherd gut, solange man dabei Vorsicht walten lässt.

Sobald das Wachs schmilzt, gibst du ein wenig von der Kräutermischung hinzu und rührst das Ganze mit einem alten Holzkochlöffel oder einem kleinen dürren Zweig um. Hänge den Docht in die Form, die du ausgewählt hast, bevor du anfängst, das Wachs einzugießen, und achte darauf, dass er sich in der Mitte befindet, bevor das Wachs zu erkalten beginnt. Zu diesem Zweck kannst du den Docht um einen Stift oder einen kleinen Zweig binden, den du quer über die Form legst – alles, was den Docht in der Mitte hält, eignet sich dafür. Formen gibt es in unzähligen Variationen und Größen. Industriell hergestellte Kerzenformen kann man in jedem Kerzenmachergeschäft und in vielen Bastelläden kaufen. Sie sind aus unterschiedlichen Materialien wie Metall, Acryl, Latex oder Glas gefertigt. Doch man kann auch viele andere Behältnisse als Formen verwenden. Nahezu alles, was die extreme Hitze von flüssigem Wachs aushält, ist geeignet, solange die Öffnung groß genug ist, damit man die ausgehärtete Kerze herausheben kann, oder das Behältnis entbehrlich ist und sich von der Kerze ablösen lässt. Du kannst gebrauchte Kerzenbehälter aus Glas nehmen und die alten Wachsreste ganz einfach entfernen, indem du das Glas für kurze Zeit in den Gefrierschrank stellst – die alte Kerze sollte dann richtiggehend herausspringen. Wenn du eine frei stehende Kerze herstellst, so vergiss nicht, zuvor die Innenseite der Form mit einem Anti-Haftspray oder mit Silikonspray einzusprühen. Dadurch lässt sich die Kerze wesentlich leichter entformen. Oder du kannst eine entbehrliche Form, etwa einen Plastikbecher, Milch-Tetrapak oder eine Tiefkühlbox etc. verwenden, die sich abziehen oder abschälen lassen, wenn die Kerze fest geworden ist.

Sobald das Wachs vollständig flüssig geworden ist, lässt du es ein wenig abkühlen, nicht länger als zwei Minuten, dann gießt du es in die Form deiner Wahl. Denk an den Topflappen, wenn du den Behälter aus dem Wasser holst, denn er wird sehr heiß. Gieße ein wenig Wachs in die Form und füge ein bisschen von der Kräutermischung hinzu, dann gießt du noch eine Portion Wachs darüber. Wiederhole den Vorgang so lange, bis das Behältnis fast voll ist. Wenn man das langsam tut, verteilen sich die Kräuter gleichmäßig in der Kerze. Zwischen dem Eingießen und Zusetzen der Kräutermischung kannst du den Behälter immer wieder ins heiße Wasser stellen, damit das Wachs flüssig bleibt.

Lass die Form 24 Stunden auskühlen oder stelle sie ein paar Stunden lang in den Kühlschrank (aber nicht ins Gefrierfach). Wenn die Kerze vollständig ausgekühlt ist, kann oben im Wachs eine Mulde entstanden sein. Du kannst auf die Stelle ein wenig von der Kräutermischung streuen und sie dann mit Wachs versiegeln. Lass die Form noch einige Stunden stehen und löse dann die Kerze heraus.

Halte die aus der Form gelöste Kerze in beiden Händen und mache dir vor deinem geistigen Auge den Zweck genau klar, für den du sie hergestellt hast. Ich danke immer dem Herrn und der Herrin, dann wickle ich die Kerze ein und gebe sie der Person, der ich sie zugedacht habe.

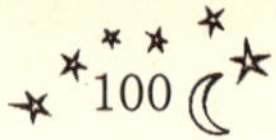

Ritual für den perfekten Partner[12]

Einer der interessantesten Aspekte dieses Zaubers ist der, dass er alle möglichen Leute, sogar frühere Liebhaber und Freunde, zu dir zu treiben scheint, die plötzlich alle romantische Anwandlungen bekommen. Vielleicht möchtest du den Zauber abbrechen, noch bevor er ganz abgeschlossen ist, und dich für eine der Personen, die auftauchen, entscheiden. Meiner Erfahrung nach sind aber die Leute, die noch vor Abschluss des Zaubers auf der Bildfläche erscheinen, nicht die ersehnten perfekten Partner, sondern nur Personen, die den Partner oder Freund mimen wollen. Du musst die vorgeschriebene Prozedur einhalten und den Zauber zu Ende bringen. Der perfekte Partner kann hinter der nächsten Ecke warten oder am anderen Ende des Landes, also habe Geduld – normalerweise taucht er innerhalb eines Jahres auf. (He, beschwer dich nicht, was ist schon ein Jahr für den perfekten Partner?)

Das Ritual wird einundzwanzig Tage lang immer zur selben Stunde durchgeführt. (Oh, hör mit der Stöhnerei auf!) Beginne damit bei Vollmond und breche es keinesfalls ab. Rücke die Figurenkerzen täglich ein wenig näher zueinander, so dass sie sich an den letzten drei Tagen berühren und miteinander verschmelzen können. (Bitte denk an die notwendigen Vorkehrungen zur Brandverhütung.) Wenn aus irgendeinem Grund eine Kerze heruntergebrannt sein sollte, bevor das Ritual abgeschlossen ist, so zündest du mit ihrer Flamme eine neue Kerze gleicher Art an.

Benötigte Materialien: Ein Zaubertisch (siehe Seite 101); ein Tischtuch; eine Mischung aus Meersalz und zerstoßenem Lorbeer; normale Steine von mindestens 4 Zentimetern Durchmesser (wie viele Steine, bleibt dir überlassen); Gottes- und Göttin-Kerzen; Liebesräu-

12 Aus *The Little Black Book* von Lord Ian Markiv.

cherwerk und Liebe anziehendes Öl; frische Rosenknospen (eine pro Woche, die im Steinkreis an dessen Südseite liegt); jeweils eine rote männliche und weibliche Bildkerze; Untersetzer für die Bildkerzen; eine Liste der Eigenschaften des perfekten Partners: gute und schlechte Gewohnheiten, äußere Erscheinung (werde sehr konkret), spiritueller Zustand und Weg, zukünftige Ziele, Abneigungen und Vorlieben und so viele weitere Details wie möglich; eine Papiertüte.

Anmerkung: Die Liste ist etwas einfacher anzulegen, wenn man die Punkte in Form eines Briefes aufschreibt, so als ob man dem engsten Freund diesen perfekten Partner, den man vor Augen hat, schildert. Den Brief benötigst du in zwei Ausfertigungen, die eine ist für den Zauber bestimmt und die andere hinterlegst du zur späteren Verwendung an einem sicheren Ort. Es ist sehr wichtig, dass du dir zum Aufschreiben dieser Eigenschaften ausreichend Zeit nimmst. Ich rate immer, zunächst einen Entwurf anzufertigen und diesen dann erst einmal zur Seite zu legen. Den Entwurf sollte man sich mindestens einen Mondzyklus lang alle paar Tage ansehen, auf den neuesten Stand bringen, erweitern und verfeinern. Je detaillierter die Liste wird, desto besser, und je mehr Zeit man sich in Gedanken und im Herzen dafür zugesteht, umso leichter wird der Zauber auszuführen sein.

Liebeszauber-Tisch: Baue deinen Zaubertisch (bei dem es sich nicht um deinen normalen Altar handelt) in der Nordwestecke deines Zimmers auf. Es muss kein großer Tisch sein, am besten ist aber ein eckiger. Lege ein hübsches Tischtuch darauf. Streue in einem weiten Kreis die Salz-Lorbeer-Mischung darauf. Lege deine Steine auf die Salzmischung. Wenn der Kreis fertig ist, nimmst du an seiner Ostseite zwei Steine weg, damit er eine Öffnung hat. Stell die Gottheitenkerzen am oberen Ende des Tisches (außerhalb des Kreises) auf, dein Räucherwerk im Osten und die Rosenknospen an der Nordwestseite (außerhalb der Steine).

Anleitung: Wenn du den Zauber beginnen möchtest, parfümierst du die Kerzen (die männliche und die weibliche) und stellst jede auf einen kleinen Untersetzer (Bildkerzen tropfen zumeist und könnten das hübsche Tischtuch verderben). Stell die Kerze, die dich repräsentiert (die deines Geschlechts), in den Kreis aus Steinen und Salz, und zwar mit der Rückseite Richtung Westen und mit dem Gesicht in östlicher Richtung. Platziere die andere Bildkerze außerhalb des Kreises so, dass sich die beiden Gesichter anblicken.

Zünde die Gottes- und die Göttin-Kerze, das Räucherwerk und die Bildkerzen an. Sage:

Heilige Mutter, Königin des Himmels,
hör meine Worte und mein Begehr.
Mächtige Herrin, Hüterin des Herzens,
ich flehe dich an, mir den perfekten Partner zu bringen.
Mutter, erhöre meine Bitte und führe den
perfekten Partner zu mir.

Lies deine Liste (den Brief) der Eigenschaften durch und setze in Gedanken deinen idealen Partner zusammen. Denk daran, du musst allabendlich konsequent jedes Detail einbeziehen.

Lass die Kerzen mindestens zwanzig Minuten brennen und sage dann:

Wunderschöne Herrin, Mutter und Königin,
du hast es gehört und du hast es gesehen.
Ein perfekter Partner ist mein Begehr,
mit ihm ich der Liebe niemals müde werd.

Nach Abschluss des Rituals stopfst du alle Abfälle (Räucherasche, Kerzen, Steine und Rosenknospen) in eine Papiertüte und wirfst diese ins Meer (warte auf eine ablandige Strömung) oder in einen tiefen, schnell fließenden Fluss. Wenn es in deiner Umgebung kein passendes Gewässer gibt, vergräbst du die Tüte in einem tiefen Loch und gießt mindestens zehn Liter Wasser auf die Tüte. Das sollte bei Neumond geschehen.

Zauberspruch für die Liebe[13]

Wie bei den meisten folkloristischen Zaubersprüchen ist auch bei diesem nicht bekannt, wer ihn erdacht hat. Er soll aus dem auf Deutsch verfassten geheimen Notizbuch einer Hexe ins Amerikanische übertragen worden sein. Du musst den Zauber genau so ausführen, wie der Spruch es verlangt.

Am Freitag so früh wie möglich
hol den schönsten Apfel vom Baume pfleglich.
Dann mit seinem Saft auf Papier so weiß
setz deinen Namen und den, den du liebst so heiß.
Den Apfel du schneidest entzwei und legst sodann,
das Papier drauf, damit der Zauber wirken kann,
und mit zwei Nadeln, aus Myrte und spitz,
steck die Hälften zusammen, dass das Papier nicht blitzt.
Lass den Apfel im Ofen trocknen nun
und in Myrteblätter gewickelt ruhn
unter dem Kissen deines Liebsten,
doch darf das niemand wissen.
Und wenn es ein Geheimnis bleibt,
er/sie seine/ihre Liebe für dich zeigt.

---

13 MorningStar, Black Forest Clan, Coven of the Pale Horse, © 2000.

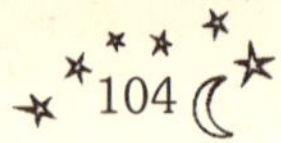

Liebeszauber der Schwarzen Madonna

Der Schwarzen Madonna habe ich in meinem Herzen einen ganz besonderen Platz reserviert, deshalb könnte ich wohl kein Buch über Liebeszauber schreiben, ohne sie darin zu erwähnen! Isis, die vermutlich bekannteste ägyptische Göttin, repräsentiert Zeremonien, Unsterblichkeit, Zeit, Astrologie, Erde, Natur, Mond, Nacht und in der Inkarnation der haitischen Göttin Yemaya die Liebe (auch bekannt unter dem Namen Unsere Liebe Frau von Regla). Als Rom ferne Landstriche in Besitz nahm, breitete sich auch die Verehrung dieser Göttin aus. Es gab viele Statuen von Isis mit ihrem Sohn auf dem Arm. Als das Christentum auf der Bildfläche erschien, wurden in Europa viele Kirchen, die Isis in ihrer mütterlichen Gestalt geweiht waren, im Namen der Jungfrau Maria mit dem Jesuskind auf den Armen neu eingesegnet. Da Isis dunkelhäutig war, wurden die Statuen in diesen Kirchen Schwarze Jungfrauen oder Schwarze Madonnen genannt.

Benötigte Materialien: Ein weißes Emailbecken; 2 Sieben-Tage-Kerzen (weiß und blau – du kannst auch Unsere-Liebe-Frau-von-Regla-Kerzen nehmen); dein Liebesgebet auf weißes jungfräuliches Pergament geschrieben und blaues Färbemittel. **Anmerkung:** Waschblau gibt es in Würfel- oder Kugelform zu kaufen und wird zum Umfärben verwendet.

Anleitung: Stell das Becken und die Kerzen auf deinen Liebesaltar. Lege das Gebet auf den Boden des Beckens. Fülle das Becken mit Wasser (nicht zu voll, du willst ja keine Überschwemmung). Füge so viel Farbstoff hinzu, dass das Wasser sich hellblau verfärbt (manche mögen es lieber etwas dunkler). Zünde die Kerzen an und rufe die Schwarze Madonna an, indem du laut dein Liebesgebet aufsagst. Bete jeden Tag sieben Tage lang und wiederhole während deiner Andachten die Bitte. Schütte das Wasser am siebten Tag weg.

Anmerkung: Im ursprünglichen Zauber wurde verlangt, dass man das Wasser ins Meer schüttete, doch bei der heutigen Umweltverschmutzung würden wir das gewiss nicht tun wollen! Deshalb kannst du das gefärbte Wasser, wenn du willst, in ein Gefäß umfüllen und vergraben und nur eine Tasse voll auf den Boden gießen, oder du kannst das Wasser auch in der Kanalisation entsorgen.

Wie man eine/n frühere/n Geliebte/n wiederfindet

Es ist jetzt fünf, vielleicht zehn Jahre her, und ich frage mich, was wohl aus dem oder der Soundso geworden ist. Vielleicht möchtest du die betreffende Person gerne wieder in deinem Leben haben? Halt! Denk nach! Erinnerungen sind etwas Merkwürdiges – sie haben die Angewohnheit, zu verschwimmen und alles zu verklären, während die Wunden, die in der Vergangenheit schmerzten, im Laufe der Zeit stumpf und dumpf werden. Es könnte besser sein, inne zu halten, zu zweifeln, zu lächeln und dann wie gehabt weiterzumachen. Es könnte schlicht das Beste sein, wenn du diese Seite in deinem geistigen Fotoalbum einfach umblätterst. Vielleicht willst du diesen Menschen gar nicht wieder körperlich anwesend in deinem Leben haben, aber du möchtest gerne wissen, wie es diesem guten alten Wie-heißt-er-doch-gleich so ergangen ist? Die folgenden beiden Zaubersprüche haben sich in der Vergangenheit bei Zauberern bewährt. Du musst nur entscheiden, wie weit du gehen willst.

Benötigte Materialien: Angenommen, du hast im Internet herumgesucht, alte Freunde ausgefragt und diesen Menschen trotzdem nicht ausfindig machen können, dann versuch es doch damit: Für die Variante »Nur um Bescheid zu wissen« brauchst du 2 Kleiderbügel aus Draht. (Ja, die kennst du schon aus anderen Divinationszaubern.) Schreibe den Namen der betreffenden Person auf ein Stück Papier. (Es funktioniert besser, wenn du dafür ein Foto oder irgendetwas nimmst, das dem/r Betreffenden gehörte.)

Anleitung: Lege den Gegenstand oder Namen vor deine Füße. Breche oder schneide den Haken des Kleiderbügels oberhalb der Verbindungsstelle ab (der Bügel selbst wird ganz bleiben). Ermächtige den Hänger, »nur zur Informationssammlung« zu dienen. Stell dich in die Mitte des Zimmers. Halte den Bügel locker am langen Ende (so dass die Bügel wie Flügel aussehen) rund dreißig Zentimeter weit von dir weg. Bitte den Geist, dir Informationen über die/den Betreffende/n zu beschaffen. Dreh dich langsam im Uhrzeigersinn im Kreis. Die Bügel können (müssen aber nicht) anfangen, sich aufeinander zuzubewegen. Das ist ein Zeichen, dass du auf den Menschen zusteuerst. Wenn sie sich deutlich einander zuwenden, dann halte inne, schließe die Augen und konzentriere dich auf das Sammeln von Informationen. Wenn du damit fertig bist, holst du tief Luft, dankst dem Geist und bittest ihn, dass die Information so schnell wie möglich zu dir gebracht werden möge. In etwa dreißig Tagen solltest du etwas hören.

Um die/den Betreffende/n körperlich zu dir zu ziehen: Sei vorsichtig, denn du möchtest den freien Willen dieser Person nicht antasten. Mach etwas mit eigenen Händen (ein Kelch aus Ton oder Keramik eignet sich gut). Binde den Gegenstand, der dem/r Betreffenden gehörte, um den Stiel des Kelches. Wenn du nichts dergleichen besitzt, nimmst du den fraglichen Namen auf einem

Stück Papier. Du kannst auch aus Federn, Perlen und Rohleder einen Fetisch anfertigen, um die Person zu dir zu führen, und den magischen Gegenstand an den Kelchstiel binden. Dann legst du in die Kelchschale einen Brief an den Geist, in dem du die Energien des Universums bittest, diese Person real zu dir zu bringen. Allerdings empfiehlt es sich, so etwas wie »Wenn dies für uns beide das Beste ist« etc. anzuhängen. Wenn du nicht willst, dass jemand das Papier liest, verbrennst du es und schüttest die Asche in die Schale. Ich würde auch hinzufügen: »Mit Ausnahme der Energie des Geistes kann nichts und niemand eingreifen.« Bring den Kelch zu der Stelle, von der du weißt, dass die Person sie als Letztes aufgesucht hat. Es kommt nicht darauf an, wo das ist (du bekommst den Kelch wahrscheinlich nicht zurück). Wenn du die Person sehen sollst, wirst du in ungefähr dreißig Tagen einen Anruf erhalten.

Dieses Kapitel enthielt über fünfzig Ideen, Zaubersprüche, -Tränke, -Räucherwerke und -Rituale, die die Liebe in dein Leben bringen. Nun stehen wir vor der interessanten Aufgabe, dir die Liebe zu erhalten!

3

Wie du dir die Liebe erhältst

Wenn wir uns damit beschäftigen, wie wir uns die Liebe erhalten können, müssen wir sehr vorsichtig mit diesem abscheulichen Wort Manipulation sein. Wenn du unbedingt meinst, du musst beim Zaubern den Namen einer Person nennen, dann setze immer hinzu: »Oder jemand, der besser zu mir passt«. Oftmals gibt es gute Gründe dafür, warum man sich auf einen bestimmten Menschen *nicht* einlassen sollte. Zum Beispiel kann er negative Charakterzüge besitzen, die dir nur (noch) nicht auffielen, oder der/die Betreffende könnte gegen deinen spirituellen Weg ankämpfen und dich damit von den dir gestellten Missionen abbringen. Und fairerweise muss man auch darauf hinweisen, dass deine Präsenz im Leben eines anderen Menschen diesen ebenso daran hindern könnte, sich in eine vernünftige Richtung zu entwickeln. Vielleicht fühlst du dich zu jemandem hingezogen, der, ohne dass du es weißt, Menschen missbraucht. So jemanden kann man nicht als guten Fang bezeichnen. Was ist, wenn du bereits die hässliche Schwärze des Missbrauchs erlebt hast, aber wie eine Mongolische Wüstenrennmaus in dem alten Rad der Verleugnung weiterläufst? Ich habe zahllose Frauen und Männer kennen gelernt, die sich an jemanden klammern, der schon vor langer Zeit aus ihrem Leben hätte verschwinden sollen; doch da sie Angst vor Veränderungen haben, halten sie das Negative mit tödlichem Griff umklammert.

Früher war ich überzeugt, Moral, Werte und Prinzipien seien unveränderliche Dinge, aber inzwischen bin ich dahinter gekommen, dass das keineswegs der Fall ist. Bei der Beschäftigung mit den vielen verschiedenen Ländern, Religionen und Kulturen stoße ich auf eine große Bandbreite an Unterschieden hinsichtlich dessen, was Menschen als akzeptables Verhalten erachten und was nicht. Sogar unsere eigene Einschätzung von vielen Bereichen, auch der Institution Liebe, ändert sich mit der Zeit und unseren Erfahrungen. Im Viktorianischen Zeitalter beispielsweise wurden Männer und Frauen nach ganz anderen Maßstäben bewertet, als wir sie heutzutage bei der Suche nach dem perfekten Lebenspartner anlegen.

Diese Veränderungen des Akzeptablen und Erlaubten finden wir auch im Volkszauber wieder, der sich im Laufe der Zeit verbreitete. Viele dieser Zauberformeln gelten von Natur aus als manipulativ; doch bei genauerem Hinsehen stellen wir fest, dass die Sprüche häufig gegen die gerade üblichen manipulativen Tricks (oder zu deren Verstärkung) eingesetzt wurden, mit denen die Frauen und Männer schon seit Urzeiten im stets leidenschaftlichen Theater der Liebe arbeiten.

Kann man etwa die Ehefrau, deren Nachbarin mit der üblichen weiblichen Eroberungsmasche den Ehemann in ihr Bett gelockt hat, verurteilen, wenn sie etwas benutzt, das ihr zur Verfügung steht, um ihn sich zurückzuholen? (Vorausgesetzt natürlich, er ist es wert – aber das ist eine andere Geschichte.) Die Gesellschaft erwartet, dass die Frau konventionelle Methoden einsetzt, etwa ihr Äußeres oder ihr Verhalten ändert, eine Eheberatung aufsucht, die Scheidung einreicht oder sogar die andere Frau mit dem Baseballschläger bedroht (ich sagte »erwarten«, und nicht »gutheißen«.) Wenn die verlassene Frau jedoch zur Zauberei greift, findet sich immer sofort jemand, der das verurteilt. Damit kommen wir zu der Frage, wer da eigentlich wen verzaubert. Wenn wir davon ausgehen, dass Zauberei letztlich *unsere* Wahrnehmung verändert und nicht die der anderen Person – was haben wir dann in Wahrheit anderes getan als uns selbst manipuliert? Liebeszauber gehen einfach schief, weil wir unsere Wahrnehmung auf ungute Weise für unseren übergeordneten spirituellen Plan zurechtbiegen ... das ist wirklich eine Menge Stoff zum Nachdenken.

Wenn wir Liebeszaubersprüche erforschen, vor allem solche aus den tiefsten Tiefen der Volksmagie, kommen uns manche Zutaten und Praktiken vielleicht seltsam oder für unser heutiges Empfinden sogar ekelhaft vor. Doch wenn man bedenkt, dass das Landvolk oftmals kaum etwas besaß und nur wenige Hilfsmittel zur Verfügung hatte, ist es nicht überraschend, dass in der Zauberei auch Körperflüssigkeiten eingesetzt wurden – sie sind immerhin die ultimative Signatur der betreffenden Person. Ich weiß noch, dass ich in fast schon hysterisches Gelächter ausbrach, als ich die Geschichte von der älteren Frau hörte, die (in den 20er Jahren des letzten Jahrhunderts) alles tat, um ihren jüngeren Mann zu halten. So stand sie täglich vor ihrem Mann auf und bereitete nackt das Frühstück für ihn zu. Die Pointe an dieser ohnehin schon prickelnden Geschichte liegt darin, dass sie die Eier für sein Omelett stets auf ihrem nackten Körper aufschlug und von dort in die Pfanne gleiten ließ. Das ist kein Witz! (Und zu deiner Erbauung: Er hat sie nicht verlassen.)

Mit diesen Ausführungen überlasse ich dich nun deinem eigenen Einfallsreichtum und den sechzig Liebe erhaltenden Zaubersprüchen und Ideen in diesem Kapitel. Sage ja nicht, ich hätte dich nicht gewarnt.

Die Aura für die Liebe programmieren

Das Leben hat dich in die Knie gezwungen? Die Leute sagen hässliche Dinge über dich? (Die natürlich nicht wahr sind.) Dann ist es Zeit für ein Bad, das dich auf Liebe konditioniert.

Benötigte Materialien: ⅛ Teelöffel Zimt; 5 Gewürznelken; Orangenschale; ⅛ Teelöffel brauner Zucker; Mörser und Stößel; 1 Liter Wasser; ⅛ Teelöffel Honig; eine goldene Kerze (optional).

Anleitung: Vermenge die Kräuter und den braunen Zucker mit dem Stößel im Mörser. Füge das Wasser hinzu und lade die Flüssigkeit für die Reinigung der Aura und das Hereinströmen von Liebe. Füge den Honig hinzu. Mische das Ganze erneut. Lass Wasser in die Badewanne einlaufen und gib dann die Mischung hinein. Bade beim Schein der goldenen Kerze und konzentriere dich darauf, Liebesenergie in dein Leben zu bringen. Wiederhole das Ganze an fünf aufeinander folgenden Tagen.

Der Liebesgarten

Dieser Zauber stammt aus den Kohlebergbau-Regionen Pennsylvanias. Er arbeitet mit (für diese Region) ganz gewöhnlichen Dingen und kreiert einen phantastischen Liebe anziehenden Garten.

Benötigte Materialien: Ein Stück Kohle (ja, Steinkohle); ein Teller oder eine flache Auflaufform; Salz; blaues Färbemittel (siehe Seite 104); etwas Wasser.

Anleitung: Bring bei Neumond alles nach draußen und bitte den Geist um Segnungen und seinen Beistand bei deinem Wunsch, Liebe in das Leben deiner Familie zu ziehen. Lege die Kohle in die Auflaufform. Bedecke sie mit Salz. Streue das Färbemittel oben drauf. Stell die Form auf deinen Liebesaltar. Nach einiger Zeit wird sich eine Struktur bilden und (durch das Salz) hübsche Farben annehmen.

Anmerkung: Das ist ein langsamer Zauber und ein faszinierendes wissenschaftliches Projekt für Kinder!

Kristall-Liebeszauber

Ich habe mit diesem Zauber jahrelang liebende Schwingungen in unserem Heim gehalten.

Benötigte Materialien: Ein Usambaraveilchen (und ein Buch darüber, wie man es richtig pflegt); 5 Quarzkristalle; eine Flasche Sekt; ein Stielglas aus Kristall.

Anleitung: Ich führe diesen Zauber zu Neujahr aus, aber du kannst ihn auch zu jedem anderen Zeitpunkt praktizieren. Stell das Usambaraveilchen auf deinen Liebesaltar. Umgebe die Pflanze mit den fünf Quarzkristallen, die ermächtigt sind, liebende Energien in dein Zuhause zu bringen. Wenn du einen Lebensgefährten hast, öffnet ihr die Sektflasche gemeinsam. Trage die Flasche in die vier Himmelsrichtungen und bitte die Elemente um Segnungen. Haltet die Flasche gemeinsam und bittet auch den Geist um Segnungen. Gießt den Sekt in das Kristallglas und nehmt jeweils einen Schluck. Sagt:

Möge uns nie nach Liebe oder Freundschaft dürsten.

Lass das Glas mit dem Sekt sieben Tage lang auf dem Altar stehen, dann gieße die Restflüssigkeit draußen aus und sage:

Ein Geschenk für die Götter.

Wasche das Glas aus. Fülle es mit den ermächtigten Kristallen. Lass es auf dem Altar, bis du seinen Inhalt austauschen möchtest.

Der restliche Sekt in der Flasche? Den trinkt ihr natürlich!

Liebesperlen

Es heißt, jede Darstellung eines Kreises, etwa eine Perle, symbolisiere den unendlichen Kreislauf des Lebens. Wenn wir in diesem Zauber mit Perlen herumspielen, spüren wir ihre glatte unendliche Oberfläche und benutzen sie gleichzeitig als Hilfsmittel, um uns auf unser Ziel zu konzentrieren – die nie endende Liebesenergie.

Benötigte Materialien: 10 weiße Perlen (Reinheit und spirituelle Liebe); 10 rosafarbene Perlen (Freundschaft); 10 rote Perlen (Liebe und Lust); goldener Faden (in einer Länge deiner Wahl); Liebe anziehendes Öl oder Parfum.

Anleitung: Fädle die Perlen auf und sprich dazu das selbstpreisende Gebet:

Gesegnet seien meine Füße, die auf dem Weg der Mutter wandeln.
Möge mich die Stärke des Vaters beschützen.

Gesegnet seien meine Füße, die vor dem heiligen Altar ruhen.
Möge ich Heilung vom Sitz der unbegrenzten Macht empfangen.
Gesegnet sei mein Herz, damit ich meinen Brüdern und Schwestern Trost spenden kann.
Möge ich Mut, Geduld, Ehrlichkeit und Liebe praktizieren.
Gesegnet seien meine Lippen, die die heiligen Namen aussprechen.
Mögen meine Worte wahrhaftig, anteilnehmend und weise sein.

Benetze die Perlen mit Liebe anziehendem Öl oder Parfum. Spreche das Gebet täglich und drehe dabei die einzelnen Perlen mit den Fingern oder halte die Perlen bei deinen täglichen Andachten in der Hand. Mit diesen Perlen kann man auch spezifische Energien zu sich rufen; dazu wird das oben stehende Gebet gefolgt von der Bitte um Liebe wiederholt.

Liebes-Zauberformeln mit Kräutern

In diesem Abschnitt kannst du sehen, dass die meisten Zaubersprüche, die mit einer Pflanze verbunden sind, mit deren medizinischer oder landwirtschaftlicher Funktion korrespondieren. Hier nun eine kurze Auflistung der Pflanzen, deren Korrespondenzen mit Liebe und Leidenschaft verknüpft sind.

Basilikum: Der Yoruba-Göttin Erzulie heilig. Wenn du bei deiner Suche nach Liebe auf ihre Hilfe bauen willst, so füge Amuletten und Räucherwerk Basilikum hinzu und bitte sie um ihren Segen.

Drachenblut: Amuletten, Räucherwerk und Ölen beigegeben, wird es Liebe anziehen.

Gartenraute: Besitzt die Fähigkeit, einen davor zu bewahren, den falschen Typ Liebhaber anzuziehen, wenn man einen allgemeinen Liebeszauber ausführt, um den Passenden zu finden. Wird Amuletten, Räucherwerk und Ölen beigegeben.

Hyazinthe: Bringt Spaß und Freude in eine Beziehung. Versetze Räucherwerk mit dem Öl oder halte dir in deinem Heim eine Hyazinthe im Topf, um für Freude und Spaß in der Beziehung zu sorgen. Wenn du sie im Garten anpflanzt, stellst du damit sicher, dass es in deinem Haus immer Gelächter und Freude gibt.

Ingwer: Würze damit Speisen und eine Beziehung wird »neue Würze« erhalten. Ingwer wirkt beruhigend und lässt sich auch für ein Traumkissen verwenden, mit dessen Hilfe du von deiner wahren Liebe träumst.

Koriander: In der Antike glaubte man, wenn man Wein mit ein paar Körnern Koriander versetzt, bringe er die Leidenschaft zum Lodern. Es heißt auch, Koriander helfe, beim Timing eines Zaubers die Energien zu beschleunigen.

Lavendel: Wird am besten zur Kurierung von Liebesproblemen angewandt. Er wirkt beruhigend und lässt sich auch für ein Traumkissen verwenden, mit dessen Hilfe du von deiner wahren Liebe träumst.

Mandragora: Auch Alraune genannt, hilft Liebe zu bringen. Trägt ein Mann Mandragora, so stärkt das seine Zeugungsfähigkeit.

Moschus: Moschus wirkt auf Männer anziehend. Er kann von Frauen oder Homosexuellen verwendet werden, die für einen Mann attraktiv sein wollen. Wird als Parfum aufgelegt.

Nelken: Ein Aphrodisiakum, das man Amuletten und Räucherwerk zusetzen kann. Wenn du Leidenschaft erwecken willst, kannst du auch Speisen mit Nelke würzen – besonders geeignet ist Apfelkuchen (Äpfel sind ebenfalls mit Liebe assoziiert).

Neroli: Aufhellend. Kann eingesetzt werden, um Liebe herbeizuziehen oder ein Liebesproblem zu kurieren.

Rosenknospen: Verbreitetes Ingredienz, um Liebe herbeizuziehen. Sie sind auch hilfreich bei der Liebeskommunikation. Man kann sie Amuletten, Räucherwerk oder Ölen beigeben.

Veilchenwurzel: Wird zum Herbeiziehen von Liebe eingesetzt. Man kann die ganze Wurzel nehmen oder sie in pulverisierter Form Ölen und Räucherwerk beimischen. Iris oder Veilchenwurzel verstärkt auch die Eigenschaften anderer Kräuter. Versetze eine Liebesmischung damit, um deine Absicht zu verstärken.

Liebeszauber für ein Kind

Bei diesem Zauber arbeiten wir mit dem Horoskop des Kindes, um ihm ein glückliches Leben zu sichern und es zu schützen. Das Geburtshoroskop eines Menschen ist eine Blaupause der Energien, die dem Betreffenden auf seiner schwierigen Reise von der Geburt über das Heranwachsen bis zu seinem Tode zur Verfügung stehen. Das unten geschilderte Projekt ist zusammen mit einem vollständigen schriftlichen Geburtshoroskop ein hervorragendes Geschenk für ein neugeborenes Baby wie auch überhaupt für alle Kinder (selbst für Erwachsene!). Geburtshoroskope kann man über verschiedene Dienste im Internet beziehen, nach dem Kauf der entsprechenden Software selbst erstellen oder bei Llewellyn Worldwide ordern. Speziell für Kinder angefertigte Horoskope können den Eltern auch helfen, die Stärken und Schwächen des Kindes zu bestimmen oder den zukünftigen Ausbildungsweg speziell auf das Kind zuzuschneiden, und sie können vor allem zeigen, wie man mit dem Kind auf eine Weise kommuniziert, die es versteht.

Benötigte Materialien: Für diesen Zauber werden Datum, Uhrzeit und Ort der Geburt benötigt sowie das Horoskop der Person; eine spezielle Bitte um Liebe und Segen, die du selbst auf ein sauberes Blatt Pergament geschrieben hast; eine plane Unterlage in der Größe des Horoskops, ein Pappdeckel; Kleister aus dem Hobbygeschäft; eine weiche Bürste; 2 blaue Kerzen; Liebesöl oder -Eau-de-Cologne.

Anleitung: Kleistere mit der Bürste das Horoskop auf die eine Seite der gewählten planen Oberfläche und deinen Segen auf die andere. Lass alles trocknen. Reibe an Neumond die blauen Kerzen mit Liebesöl oder -Cologne ein. Zünde die Kerzen an und lies den von dir geschriebenen Segen laut vor. Bitte den Geist um ein besonderes Geschenk, etwa Weisheit, Lachen, Mitgefühl etc. Du kannst auch die Bitte dazusetzen, dass das Kind Spiritualität im Herzen tragen und die für sein Leben gewählten Missionen klar erkennen möge. Beende das Ritual mit der Bitte, dass das Kind die Herausforderungen seines Lebens meistern und lernen möge, seine Talente für sich selbst und die Menschheit auf bestmögliche Weise zu nutzen. Lass die Kerzen vollständig herunterbrennen.

Überreiche das Horoskop und das Gebet den Eltern in einer Geschenkschachtel.

Liebende Freunde halten

Freundschaft beruht auf wechselseitigem Interesse und Respekt. Benutze diesen Zauber als Hilfe, um dir eine liebende und aufrichtige Einstellung im Umgang mit anderen zu bewahren.

Benötigte Materialien: Eine hübsche herzförmige Pralinenschachtel; Liebesräucherwerk; 2 rosafarbene Sieben-Tage-Kerzen; roter Füller; mehrere Streifen Pergamentpapier; Liebeskräuter-Mischung (nimm entweder die Rezepte in diesem Buch, deine eigenen oder eine Mischung aus dem örtlichen Okkultismus-/New-Age-Laden) als Räucherwerk und zum Bestreuen deiner Bitte.

Anleitung: Stell die Herzschachtel auf deinen Liebesaltar. Weihe alle Zutaten der Göttin Aphrodite. Zünde das Räucherwerk an und schwenke alle Materialien durch den Rauch, bitte dabei um Segnungen der Liebesgöttin. Zünde eine rosafarbene Sieben-Tage-Kerze an und wiederhole deine Bitte. Halte die Hände über die Pralinen und sprich deine Bitte zum dritten Mal aus. Lass die Kerze vollständig herunterbrennen.

Teile die Pralinen mit deinen Freunden. Zünde bei Vollmond (wenn die Schachtel leer gegessen ist) die zweite rosafarbene Kerze an. Schreibe mit dem Füller auf die Pergamentstreifen die Arten von Energien auf, die du bei einem Freund suchst. Denk daran, du kannst dir nichts wünschen, das du nicht auch zurückgeben kannst. Rolle alle Pergamentstücke einzeln auf und klebe sie zu oder verschnüre sie mit rosa Garn. Lege die Pergamentröllchen in die Vertiefungen, in denen zuvor die Pralinen lagen. Halte, sobald du damit fertig bist, die Hände über die Schachtel und wiederhole deine ursprüngliche Bitte. Verschließe die Schachtel und bringe sie an einen sicheren Ort. Wenn du es für angebracht hältst, kannst du die Schachtel mit ein bisschen rosafarbenem Wachs von der brennenden Kerze versiegeln (sei nur vorsichtig). Lass die zweite Kerze vollständig herunterbrennen. Wiederhole sieben Tage lang allabendlich deine ursprüngliche Bitte und halte dabei die Hände über die magische Herzschachtel. Sobald deine Wünsche wahr werden, kannst du die Pergamentröllchen herausnehmen und verbrennen und Aphrodite danken. Bewahre die Zauberschachtel für einen anderen Zauber auf.

Anmerkung: Du kannst die Prozedur auch für einen Heilzauber verwenden.

Zauber für lustvolle Nächte

Tja, so ist es eben. Du und dein Partner, ihr hattet in der letzten Zeit eine Menge Stress und dabei ist in eurer Beziehung anscheinend der Kick verloren gegangen. Warum reserviert ihr euch nicht ein nettes Zimmer in einem Hotel und greift zu folgendem Zauber!

Benötigte Materialien: 2 leere Sektgläser aus Plastik; 6 rosa Rosenknospen; 1 rotes Band; 1 Stück Pergamentpapier; ein roter Füller; ein rotes Feuerzeug.

Anleitung: Gebe die sechs Rosenknospen in die Gläser. Binde die Gläser mit dem roten Band zusammen. Schreibe mit dem roten Füller deinen Namen und den der »Zielperson« auf das Papier. Verbrenne das Papier und sprich dazu dreimal die Worte »Liebe und Lust, Sex ist ein Muss!« Streue die Asche auf die Rosen. Stell sie unter dein Bett und warte, bis der Spaß beginnt!

Warnung: Dieser Zauber darf nur bei dazu auch gewillten Erwachsenen angewendet werden!

Jahreszeiten-Liebeszauber

Das ist ein alter Zauber aus den Südstaaten, mit dessen Hilfe das Heim und die Umgebung der Familie von der Negativität der vergangenen Jahreszeit befreit und die positiven Energien am Beginn einer neuen Jahreszeit im Leben willkommen geheißen wurden. Wenn du meinst, für die Abfassung eines eigenen Jahreszeiten-Segensspruches nicht talentiert genug zu sein, so kannst du hervorragende Anregungen dafür in Caitlin Matthews *Celtic Devotional Daily Prayers and Blessings*, erschienen bei Harmony Books (einem Imprint von Crown in New York), finden.

Benötigte Materialien: Eine große Zwiebel; roter Stoff; Bürste; Milch; Honig.

Anleitung: Zunächst musst du in deinem Kalender nachsehen, wann die Jahreszeiten astrologisch beginnen. Am Tag vor dem Jahreszeitenwechsel wickelst du die Zwiebel in den roten Stoff. Roll dann die Zwiebel mit dem Besen im ganzen Haus oder in der ganzen Wohnung über den Boden. (Kinder lieben übrigens diesen Zauber.) Stimme dazu folgenden Gesang an:

Dem Bösen weder Ruhe noch Frieden
bevor es nicht verlassen mein heiliges Nest hienieden.

Öffne die Vordertür und fege die Zwiebel hinaus, die Stufen hinunter (so vorhanden) und hinaus auf die Straße. Wirf sie sofort in eine draußen stehende Mülltonne (in einem öffentlichen Abfallkorb, falls möglich). Schließe die Eingangstür und sage:

Das Böse ist verschwunden, die Liebe bleibt.

Öffne am nächsten Tag (dem Tag des Jahreszeitenwechsels) die Tür und entbiete der neuen Jahreszeit ein Liebesgebet, mit dem du in deinem Zuhause die frischen Energien willkommen heißt. Hinterlasse auf der Türschwelle Milch und Honig als Opfergabe.

Liebeszauber für Computerfreaks

Zeige deinen Freunden, wie sehr du sie liebst, indem du deine eigene Sieben-Tage-Kerze für sie kreierst.

Benötigte Materialien: Ein Gedicht oder Gebet, das du selbst eigens für diese Person verfasst hast; eine dazu passende Clip-Art, die deine Gefühle widerspiegelt; ein so großes Haftetikett, wie in deinen Drucker passt (besorge sicherheitshalber zwei); eine Sieben-Tage-Kerze in einem Glas (in einer Farbe deiner Wahl); Liebesöle und -kräuter; goldener oder silberner Glimmer; rosa Stickgarn.

Anleitung: Nimm dir an Neumond genügend Zeit zum Abfassen des Gedichts beziehungsweise deines Zauberspruchs und entwerfe das Etikett für die Kerze. Überprüfe die Maße genau, damit dein Entwurf möglichst exakt rund um das Kerzenglas passt. (Tipp: Wenn du auswechselbare Kerzen verwendest, dann kann der betreffende Freund dein Geschenk mehrfach benutzen.) Sobald du glaubst, dein Bestes getan zu haben, druckst du das Etikett aus. Überprüfe seine Maße noch mal, bevor du es aufklebst. Zieh das Etikett von der Klebefolie ab und klebe es auf das Glas. Glätte die Blasen, indem du vorsichtig mit den Fingern von der Mitte nach außen über das Etikett streichst.

Reibe die Kerze (so es eine auswechselbare ist) mit dem Liebesöl ein. Wenn die Kerze fest in das Glas gegossen ist, reibst du das Öl im Uhrzeigersinn um die Spitze der Kerze. Gib ein klein wenig von der Liebeskräuter-Mischung oben drauf. Versiegle den Zauber mit einem gleichschenkligen Kreuz (siehe Seite 31), das du (nicht zu dick) mit Glimmer über die Kerzenspitze ziehst. Halte die Kerze mit den Händen, lies dein Gedicht dreimal laut vor und bitte damit den Geist, deinen Freund zu segnen. Wickle das rosafarbene Stickgarn dreimal um die Kerze herum und binde es dann fest. Schneide die überstehenden Enden ab. Wenn du das Geschenk überreichst, erklärst du dazu, dass das Garn zerschnitten werden muss, sobald die Kerze zu einem Drittel heruntergebrannt ist. So gewinnt der Zauber, mit dem du sie versehen hast, noch zusätzlich an Macht. Dadurch erhält dein Freund auch die Möglichkeit, selbst zu entscheiden, wann (wenn überhaupt jemals) er die in die Kerze eingeschlossene Energie freisetzen will.

Anmerkung: Das ist ein Geschenk für besondere Gelegenheiten, aber auch eine Überraschung ohne speziellen Anlass.

Tipp: Lege zum Schutz vor negativen E-Mails oder anderem scheußlichen Zeug, das in deinen Computer gelangen könnte, drei Rosenquarzsteine und einen Amethyst vorne auf den oberen Rand deines Monitors.

124

Liebesplunder: Gib ihn weg, bevor du stirbst

Dieser Zauber ist besonders für die Sammelwütigen unter uns gedacht (wofür ich eine Autorität bin, denn ich bin eine davon). Man kann kein glückliches häusliches Leben führen, wenn man auf dem Weg in die Küche (oder schlimmer noch, ins Schlafzimmer) dauernd einen Hindernislauf hinlegen muss. Such dir einen Sonntag (bannend) aus und fang an, das Zeug hinauszuwerfen. Sortiere die Dinge aus, die deiner Meinung nach zum Wegwerfen zu schade sind, die aber doch aus deinem Heim verschwinden sollten, da du sie höchstwahrscheinlich nie benutzen wirst. Reinige diese Gegenstände mit den vier Elementen und deponiere sie auf einem separaten Tisch. Lade deine Freunde zum Abendessen ein und schicke ihnen zu diesem Zweck eine »Liebesplunder«-Einladung. Damit machst du gleich klar, dass du einige Dinge gerne loswerden möchtest, auf die sie, wenn sie Interesse haben, bei einem Imbiss vom Chinesen (falls dir Kochen nicht liegt) einen Blick werfen können. Vielleicht hast du ja etwas, das sie suchen oder brauchen können? Lass bei der Einladung deiner Kreativität freien Lauf und bewache dein feines Porzellan – nicht *alles* ist zum Abgrabschen freigegeben. Auch fühlen sich manche Leute durch »Gebrauchtes« beleidigt. Vielleicht beziehst du das mit ein, wenn du deine Gästeliste durchgehst. Andere jedoch (wie ich selbst) reagieren vielleicht erfreut auf solch eine Einladung.

Drachenherz-Zauber zum Festhalten der Liebe

Für diesen Zauber rufst du die babylonische Drachengöttin Tiamat an, die für die Schöpfung allen Lebens, den Urozean, die Erde, Natur und den Himmel zuständig ist.

Benötigte Materialien: Ein rotes Filzherz; 3 Stecknadeln mit rosafarbenen Köpfen, die du in Liebesöl getaucht hast; dein Name und der deines Partners auf einem Stück rosafarbenen Papier; ⅛ Teelöffel Drachenblut-Pulver; eine blaue Kerze; eine kleine Plastiktüte; eine Rosenblüte (optional).

Anleitung: Ermächtige an Neumond das rote Filzherz für die Liebe. Tauche die drei Nadeln in Liebesöl und lade sie für dauerhafte reine Liebesenergie. Stecke mit den drei Nadeln das Papier auf dem Herz fest. Bestreue es mit Drachenblut-Pulver. Ermächtige die blaue Kerze für die wahre Liebe. Zünde die Kerze an. Sobald sie zu einem Drittel heruntergebrannt ist, tropfst du ein wenig blaues Wachs auf Pulver, Papier und Herz. Lege das Herz zusammen mit einer Rosenblüte (optional) in einen kleinen Plastikbeutel. Stell die immer noch brennende Kerze auf den Beutel. Lass die Kerze vollständig herunterbrennen. Lege das Herz unter die Matratze deines Bettes. Erneuere sie alle sechs Monate.

Liebesauge

Dieser Zauber stammt aus Haiti und wirkt langsam, weshalb er sich perfekt für die Zeit der Werbung bei einer künftigen Beziehung eignet. Wenn dir der Zustand der Beziehung nicht gefällt, brichst du einfach die Nadeln entzwei und entfernst die Zauberelemente nach Sonnenuntergang bei Dunkelmond von deinem Grund und Boden.

Benötigte Materialien: 2 Nähnadeln; rotes Garn; 1 frisches Schwarzwurzblatt oder 1 frisches Lorbeerblatt; ein roter Beutel; 1 Ladestein oder Magnet.

Anleitung: Lege bei Neumond in der Stunde der Venus (oder an einem Freitag) die Nadeln Spitze an Kopf aneinander und umwickle sie mit rotem Garn. Roll sie in das frische Gewürzblatt. Binde es zu. Halte es fünfzehn Minuten lang in der Hand und bete dabei zum Geist um Erfolg in der Beziehung. Lege das ermächtigte Objekt (Blatt und Nadeln) zusammen mit dem Ladestein in den roten Beutel. Binde den Beutel fest zu. Bewahre ihn an einem sicheren Ort auf.

Liebe vergrößern

Die Verwendung von Schlüsseln spielt im Volkszauber eine große Rolle. Hier benutzen wir einen als »Schlüssel zum Erfolg« in Bezug auf eine Partnerschaft, die du aufrechterhalten möchtest.

Benötigte Materialien: Eine Schokoladenfigur (sei vorsichtig, wenn du ein Kaninchen wählst); Folie zum Einwickeln; ein goldener Schlüssel; ein Rosenquarz; ein kleiner blauer Beutel.

Anleitung: Lege bei Vollmond in der Stunde Jupiters (oder an einem Donnerstag) alle Gegenstände auf deinen Liebesaltar. Ermächtige sie für Erfolg und die Vergrößerung der Liebe in deinem

Leben. Teile die Schokolade mit jemandem, der dir am Herzen liegt, lass aber ein Stück für den restlichen Zauber übrig. Wickle das Stück Schokolade in die Plastikfolie. Lege den Rosenquarz, den goldenen Schlüssel und das Schokoladestück in den blauen Beutel (Blau für wahre Liebe). Bringe alles an einen sicheren Ort. Erneuere es am Jahrestag deiner ersten Verabredung oder an deinem Hochzeitstag.

Zauberkugel zur Aufrechterhaltung der Liebe

Zauberkugeln kann man für eine Vielzahl von Zwecken wie gute Gesundheit, Heilung, Erfolg und Geld-Anziehen bis hin zum Herbeiziehen von Liebe einsetzen. Normalerweise sind sie nicht größer als eine Murmel und bestehen zumeist vor allem aus Wachs oder Ton. Heutzutage kann man dafür auch Plastikmaterialien wie etwa Fimo nehmen, die es in vielen verschiedenen Farben gibt. Nach der Anleitung auf der Fimopackung für die Herstellung von Schmuck kannst du eine ganze Halskette oder ein Paar Ohrringe in Zauberobjekte verwandeln.

Benötigte Materialien: Eine rote Kerze, die mit Liebesöl oder -parfum eingerieben wurde; Rosenblüten (Liebe); Eisenkraut (Handlung); Lavendel (spirituelle Ermächtigung); Rosmarin (damit du dem anderen nicht aus dem Sinn gehst); ein Ladestein oder ein kleiner Magnet; ein weißer Teller; und etwas, das den beiden Personen gehört, die der Zauber betrifft (Haare, abgeschnittene Nägel etc.). Füge Echinacea hinzu, wenn du meinst, du müsstest den Zauber noch verstärken, aber übertreib es damit nicht.

Anleitung: Lege alle Gegenstände in die Mitte des weißen Tellers. Lade sie für anhaltende Liebe. Zünde die rote Kerze an. Beträufle, während du den Spruch sagst, alle Zutaten mit Wachs und visualisiere deinen Wunsch. Wenn das Wachs kalt zu werden beginnt, rollst du alle Gegenstände zu einer Kugel zusammen. Gib weiter Wachs hinzu, bis die Kugel glatt und so makellos wie möglich ist. Lass die Kerze vollständig herunterbrennen. Trage die Zauberkugel bei dir.

Ehezauber

Hier kommt ein Zauber aus der Volksmagie, den die Mutter der Braut durchführte, um sicherzustellen, dass ihre geliebte Tochter den akzeptablen Freier zum eigenen Wohl an sich bindet. Doch es war auch nicht ungewöhnlich, dass die junge Dame den Zauber selbst anwandte. Die Durchführung des Zaubers erfordert viel Zeit.

Benötigte Materialien: Ein Gegenstand der zukünftigen Braut und des zukünftigen Bräutigams (die gewählten Dinge sollten klein genug sein, dass sie in die hohle Tortenspitze passen); ein Tortenschmuck mit Braut und Bräutigam (wie man ihn normalerweise auf Hochzeitstorten findet); ein großes Gefäß (ein Einweckglas eignet sich gut); Quellwasser; ¼ Teelöffel Eisenkraut, Veilchenwurzel und Myrrhe (um die astralen Tore zur Liebe aufzustoßen); ein Magnet oder Ladestein; 1 Teelöffel Myrteblätter; 1 Teelöffel Orangenschale; ca. 27,5 Zentimeter weißes Satinband, breit genug, damit man es beschriften kann; 2 billige Ringe; eine Schüssel braunen Zucker; eine weiße Hochzeitskerze; eine blaue Kerze; eine Kinderschuh-Schachtel.

Anleitung: Befestige die persönlichen Gegenstände des zukünftigen Brautpaars gut in der Tortenspitze. Versiegle sie wenn nötig mit rotem Wachs. Fülle das Einweckglas mit Quellwasser (etwa zu drei Vierteln). Halte die Hände über das Wasser und lade es für Liebe, Treue und spirituelles Glück. Gib Eisenkraut, Veilchenwurzel und Myrrhe ins Wasser. Lass den Ladestein oder Magneten hineinfallen, der geladen ist, um das Paar mit den Segnungen des Geistes auf positive Weise zusammenzubringen. (Hier kannst du in den Zauber ein »Hintertürchen« einbauen, und das möchte ich dir auch raten. Für jemanden, der zum ersten Mal das Kirchenschiff entlang zum Altar schritt und kein Sterbenswörtchen einflickte, sollte sich das als kostspieliger Fehler erweisen. Tappe nicht in dieselbe Grube, in die ich gefallen bin!) Elfmal im Uhrzeigersinn umrühren. Setze die Tortenspitze vorsichtig ins Wasser. Verschließe das Glas dicht. Bete an drei aufeinander folgenden Tagen über ihm. Öffne das Glas, gieß das Wasser ab, entferne die Kräuter, lege den Ladestein beiseite und hole die Tortenspitze heraus. Lass die Spitze und den Ladestein auf einem Bett aus Myrteblättern und Orangenschalen trocknen. Schreibe so oft wie möglich die Namen der beiden Personen auf das weiße Satinband. Wickle das Band vollständig um die Tortenspitze und lass nur so viel davon übrig, dass du die Silberringe durchziehen und die Enden verknoten kannst. Fädle die Ringe auf. Binde die Enden zusammen, so dass das Band sich nicht lockert, wenn die Spitze geschüttelt wird.

Stell die Tortenspitze in eine Schüssel mit braunem Zucker. Ermächtige die weiße Hochzeitskerze für die höheren Aspekte der Liebe. Zünde die Kerze an und bete drei Tage lang jeweils zur selben Stunde für eine positive Vereinigung. Brenne die Kerze ab, damit die Liebe wirklich die wahre sein werde.

Lege die Tortenspitze am vierten Tag in die Kinderschuh-Schachtel und verschließe diese. Verstreue den Zucker draußen auf deinem Grundstück. Bringe die Schachtel an einen Platz, an dem sie die Person, die du heiraten willst, nie wird finden können. In einem Zusatz des Volkszaubers wird behauptet, wenn der Bräutigam die Schachtel öffne (oder die Braut, wenn du den Zauber durchführtest, um sie einzufangen), werde der Zauber gebrochen. Wenn du aber die Scheidung von dieser Person möchtest, öffnest du die Schachtel, trennst das Band von der Tortenspitze ab, verbrennst es und vergräbst die Ringe getrennt außerhalb deines Grundstücks und machst die Tortenspitze kaputt. Wenn die Brautmutter den Zauber ausführt, kann sie die Spitze der Braut geben, ansonsten behält die Mutter sie in ihrem eigenen Heim zur sicheren Aufbewahrung.

Die Wogen glätten

Manchmal wissen wir, dass wir alles verdorben haben, als wir unseren Mund zu weit aufrissen. Versuche zur Glättung eines dummen Streits den folgenden Zauber, der sich auf Harmonie konzentriert.

Benötigte Materialien: Die Namen der beiden in den Streit verwickelten Personen auf weißem Papier zusammen mit den Runen Gebo (ᚷ), Mannez (ᛗ) und Wunjo (ᚹ) darüber; eine Metallschüssel; Passionsblumensamen; Veilchenwurzel; Liebesöl oder -parfum; Honig; brauner Zucker; eine blaue und eine grüne Kerze; Bilderrahmendraht; 2 Buntstifte.

Anleitung: Lege die Namen in die Metallschüssel. Lade alle Materialien zum Ausbügeln verletzter Gefühle. Besprenge das Papier mit den genannten Kräutern und dem braunen Zucker. Reibe beide Kerzen mit Liebesöl und anschließend mit dem Honig ein.

Stell die eine Kerze rechts und die andere links von der Schüssel auf. Zünde die beiden Kerzen an und bitte den Geist, das Unglück zu entfernen und durch Harmonie zu ersetzen. Wiederhole langsam die Namen der beiden Personen und wickle die beiden Stifte mit dem Draht zusammen. Zünde das Papier in der Metallschüssel an. Ziehe die Stifte durch den Rauch und die Flammen und bitte dabei den Geist von neuem um eine aufrichtige Versöhnung. Übergib die Asche dem Wind. Bringe die Stifte an einen sicheren Ort. Lass die Kerzen zehn Tage lang täglich zehn Minuten lang brennen. Lass sie am letzten Tag vollständig herunterbrennen.

Im Anschluss an einen Streit!

Jede Wette, es bist nicht immer du die Person, die die Atmosphäre mit negativer Energie aufgeladen hat. Zu Streit kommt es überall – im Büro, bei dem Besuch einer Freundin, wenn deren Ehemann schlecht drauf ist, oder deine Kinder bringen einen schlecht gelaunten Spielkameraden mit. Hier ein paar schnell wirkende Tipps, mit denen sich die negative Energie auf der Stelle auflösen lässt.

- Stell ein geladenes Glas mit Eis an den Ort, wo der Streit ausbrach. Wenn das Eis schmilzt, sammelt sich die negative Energie in dem Wasser. Schütte das Wasser aus der Tür, sobald das Eis vollständig geschmolzen ist.
- Besprenge das Zimmer mit Florida-Wasser oder geweihtem Wasser. Zur Herstellung von Florida-Wasser braucht man knapp 2 Liter neunzigprozentigen Alkohol, knapp 1 Liter Quellwasser, 1 Teelöffel ausgepressten Zitronensaft; 10 Tropfen Liebesöl oder Schutzöl (je nach Anlass), und das Ganze wird

dann verrührt. Florida-Wasser darf nur als Waschwasser verwendet werden.

- Lege einen trockenen Schwamm in eine Schüssel mit geladenem Wasser. Sobald der Schwamm das ganze Wasser aufgesaugt hat, entsorgst du beides draußen.
- Läute eine Glocke oder ein Windspiel mindestens siebenmal.
- Öffne ein Fenster, egal, wie das Wetter ist.

Liebeslaternen-Zauber

Ein anderer Volkszauber, mit dem man das Heim nach einer hässlichen Auseinandersetzung von negativer Energie reinigen kann, arbeitet mit einer dekorativen Petroleumlampe. Wenn du einen schlechten Tag auf der Arbeit hattest oder es im Job zu einem Streit kam, zünde deine kleine Liebeslaterne an und zaubere ihn weg!

Benötigte Materialien: Mörser und Stößel; Nelken (um verletzte Gefühle zu besänftigen); Weihrauch (zur Reinigung) und Orange (damit der Zauber schneller wirkt) in einer Menge deiner Wahl; eine kleine hübsche Laterne; ein kleines Stück weißes Papier oder ein sauberer Docht, auf den man schreiben kann; rosafarbenes Laternenöl (wenn du es bekommen kannst, oder verdünne rotes Öl mit farblosem Öl derselben Marke); Räucherkohle (verwende keine Grillkohle, denn diese kann in Innenräumen zu schweren Verunreinigungen führen und gesundheitsschädlich sein).

Anleitung: Ermächtige alle Gegenstände für Harmonie. Nimm ein spirituelles Bad. Mische mit dem Stößel die Kräuterzutaten im Mörser. Verbrenne das lose Räucherwerk auf der Kohle. Nimm die Laterne auseinander. Schreibe deinen und den Namen der Person (der anderen Partei in dem Streit) auf das Papier oder auf den sauberen trockenen Docht. Mach dir nichts draus, wenn du das Geschriebene nicht lesen kannst – du weißt ja, wer gemeint ist. Falls du Papier genommen hast, legst du es anschließend auf den Boden der Laterne; wenn du einen Docht verwendet hast, setzt du ihn wieder in die Laterne ein. Bedecke beides mit Öl und baue die Laterne wieder zusammen. Stelle die Laterne in die Mitte deines Liebesaltars und zünde sie an. Bitte den Geist, das Licht der Liebe wieder in deine Beziehung zurückzubringen. Lass die Laterne brennen, bis das Problem aus der Welt geschafft ist und wieder Harmonie herrscht.

Der Zauber der Bast

Bast, eine halbtierische Göttin, ist der ägyptische Archetyp der Erde, Natur, Nacht, der Künste, des Mondes, des Glücks und des Tanzes. In ihrer löwenköpfigen Gestalt ist sie eine Sonnengöttin. Um Bast bitten zu können, Liebe, Talent und Glück in dein Leben zu bringen, brauchst du eine Katzenstatue.

Benötigte Materialien: Ein sauberes leeres Milchkännchen aus Kunststoff; ein Bastelmesser, z. B. ein X-Acto-Messer; ein Locher; Fotos von allen Familienmitgliedern oder ein Gruppenporträt der Familie; ein kleines Bildnis einer Katze (auch ein Plastikspielzeug geht); mindestens 3 Tassen weißen Sand; mehrere Kordeln (blau und grün), die durch die mit dem Locher gestanzten Löcher passen; einige Glasperlen, die sich auf die Kordeln fädeln lassen.

Anleitung: Lade alle Materialien (wenn möglich) an einem Montag in der Stunde des Mondes auf deinem Liebesaltar. Schneide die Spitze des Plastik-Milchkännchens mit dem Messer ab. Mache mit dem Locher etwa 2,5 Zentimeter tief rund um den oberen Rand des Kännchens im Abstand von 2,5 Zentimetern Löchern hinein. Lege die Bilder deiner Familie auf den Boden des Kännchens zusammen mit der Plastikkatze, die du ermächtigt und Bast, der ägyptischen Schutzgöttin, geweiht hast. Bedecke das Ganze mit weißem Sand. Ziehe durch jedes Loch eine Kordel und erbitte dabei einen besonderen Wunsch für jedes Familienmitglied. Binde das obere Ende fest. Fädle die Perlen (so viele du willst) jeweils auf die Kordeln und wiederhole dabei deine Bitte. Sage beim Festbinden:

Dieser Wunsch ist besiegelt.

Stell die Kanne an der Eingangstür auf. Betrachte die Erfüllung der Wünsche als gesichert, wenn deine Hauskatze an den hängenden Perlen Gefallen findet. Wechsle den Sand einmal im Monat aus.

Liebeslied-Zauber

Paare verbinden oftmals ein bestimmtes Lied mit einer besonderen Zeit ihrer Beziehung. Deshalb ist der Liedzauber also gar nicht so ungewöhnlich. Musik besitzt eine eigene, klar unterscheidbare und machtvolle Zauberkraft.

Benötigte Materialien: Ein Liebeslied; ein Stück Papier und ein Füller; ein Bastelmesser; eine Säulenkerze; Liebesöl oder -parfum; Glimmer; zerstoßene Korianderkörner (optional).

Anleitung: Hör dir das Liebeslied an und schreibe dabei den Text auf (oder nimm ein Lied, das du für eine bestimmte Person aus einem speziellen Grund ausgewählt hast). Schreibe deinen Namen und den der Zielperson auf ein Stück Papier. Singe den Text beim Zuhören des Lieds mit und schnitze dazu mit dem Messer eine Reihe von Spiralen in die Kerze. Für diesen besonderen Zauber sind Säulenkerzen am besten geeignet. Das Schnitzen kann eine Weile dauern und höchstwahrscheinlich wirst du das Lied mehrmals abspielen müssen. Das ist gut so, denn durch die Wiederholung kannst du dich besser auf deinen Wunsch konzentrieren. Wenn du fertig bist, reibst du die Kerze mit Liebesöl oder -parfum ein und rollst sie dann in dem Glimmer. Lege das Papier unter die Kerze. Lass sie als zusätzlichen Schuss Romantik brennen, während dein Partner sich im Zimmer befindet. Achte darauf, dass du das Liebeslied spielst, während die Kerze brennt, und füge jede Menge Küsse hinzu! Lege auch die zerstoßenen Korianderkörner unter die Kerze, dann wirkt der Zauber schneller.

Zauber für ein perfektes Date

Er geht schnell, einfach und funktioniert prima!

Benötigte Materialien: Für diesen Zauber brauchst du den Schutzumschlag eines Liebesromans von deinem Lieblingsautor. Wenn du normalerweise keine Liebesromane liest, rate ich dir zu einem von Maggie Shayne, oder du stöberst in der Buchhandlung herum, bis du ein Cover findest, das dir gefällt.

Anleitung: Schreibe den Namen der Person, mit der du verabredet bist, auf die Rückseite des Umschlags und stelle ihn mit der Titelseite zu dir gewandt aufrecht auf deinen Liebesaltar. Bestreue ihn mit Kräutern der Wollust, u. a. mit Rosmarin, damit du im Kopf deines Verehrers herumspukst.

Anmerkung: Der Zauber wirkt nur vorübergehend.

Kartenlegen für die Liebe

Hier eine Liebesdivination, die du auf der nächsten Party ausprobieren kannst. Glaub mir, du wirst der Star des Abends sein.

Benötigte Materialien: Die Farbe Herz aus einem normalen (amerikanischen) Kartenspiel (lade sie vor Gebrauch für Liebesbotschaften); lege sie mit einem Mondstein und einem Stück Rosenquarz in einen roten Beutel.

Anleitung: Mische die Karten und ziehe dann eine Karte aus dem Stapel (allerhöchstens zwei).

Ass – Nichts wie los! Am Horizont steht eine neue Liebe.
Herz Zwei – Jetzt ist der Zeitpunkt für eine Partnerschaft.
Herz Drei – Es steht dir bei einer Party oder einem Fest Spaß bevor.
Herz Vier – Zeit, das Nest auszupolstern und für die Zukunft zu planen.
Herz Fünf – Er oder sie ist schlecht bis auf die Knochen. Und tschüss!
Herz Sechs – Eine alte Flamme taucht wieder auf.
Herz Sieben – Jemand belügt dich.
Herz Acht – Suche spirituelle Führung.
Herz Neun – Dein Wunsch wird in Erfüllung gehen, aber überlege dir genau, was du dir wünschst.

Herz Zehn – Ein glückliches Familienleben steht bevor.
Herzbube – Liebesbotschaft unterwegs (kann auf eine Schwangerschaft deuten).
Herzdame – Liebesgöttin!
Herzkönig – Seelenverwandter!

Liebe heilendes Räucherwerk

Der beste Zeitpunkt, um Heilzauber und -rituale zu ermächtigen oder um jemanden zu erreichen, der deine Worte und dein Tun missverstanden hat, ist nach einem Streit.

Benötigte Materialien: 1 Teelöffel fein gemahlene Myrrhe; 1 Teelöffel Sandelholz-Pulver; 7 Tropfen Patschuli-Öl; 1 Teelöffel zerstoßene Lavendelblüten; 1 Teelöffel zerstoßene Rosenblütenblätter.

Anleitung: Gib die Zutaten in der genannten Reihenfolge zusammen und mische das Ganze nach jeder Zugabe. Ermächtige die Mixtur. Verbrenne sie auf Kohle. Hebe das restliche Räucherwerk in einem wieder verschließbaren Plastikbeutel oder -gefäß auf.

Bester Zeitpunkt für die Herstellung: Neumond.

Zur Klärung strittiger Punkte in einer getrübten Beziehung

Nicht alle Zaubersprüche in diesem Buch sind nur für den Lebenspartner gedacht. Wenn du zum Beispiel Kommunikationsprobleme mit deinen Eltern oder deinem Kind hast, ist dieser Zauber ein hervorragender erster Schritt, der dir hilft, die Energien zwischen euch zu reinigen.

Benötigte Materialien: Räucherwerk (was immer zur Klärung der Situation zu passen scheint – »Regen«- oder »Meeres«-Düfte haben eine gute Symbolik; 3 Kerzen: 1 weiße (für die Reinheit des Zwecks), 1 violette (für die Weihung an den höheren Geist) und eine weitere in einer Farbe, die die Art der Beziehung, an der du arbeitest, symbolisiert; Salz; geweihtes Wasser in einem Kelch oder Becher; ein paar lange Zweige Gartenraute, möglichst frisch (oder versuch es, falls du keine Gartenraute bekommst, nach einem Streit mit Lavendel); 2 kleine Vasen oder Fläschchen mit geweihtem Wasser; 2 Blumen derselben Sorte – welche ist egal, von Klee bis zu Rosen, es müssen nur die gleichen sein; einige Dinge, die euch beiden gehören – mindestens zwei, wenn du willst, auch mehr, oder ein Blatt Papier mit Symbolen, die für euch stehen.

Zeitpunkt: Vollmond oder zunehmender Mond.

Anleitung: Es ist wichtig, dass dein Liebesaltar und die Zauberutensilien in der Mitte des Zimmers stehen, so dass du sie bei der Arbeit umrunden kannst – du kannst auch einen provisorischen Liebesaltar errichten. Baue ihn auf, zentriere ihn (ziehe den Kreis etc.) und weihe dich den höchsten spirituellen Werten bei der Arbeit für die Beziehung. Zünde das Räucherwerk an und benutze den Rauch dazu, nacheinander alle Gegenstände auf dem Altar zu reinigen und alle Negativität aus ihnen zu entfernen. Zünde die weiße Kerze an und stell dich in den Dienst des höchsten Guten in dieser Situation. Visualisiere die allerbesten Teile der Beziehung, die Orte, an denen ihr harmonisch seid, was immer du magst, deine Liebe für die andere Person, und die guten Dinge, die ihr gemeinsam habt; zünde die violette Kerze an, dann die dritte und stell dir bildlich vor, wie die Flammen die besten Qualitäten der Beziehung heranziehen.

Schütte ein bisschen Salz in den Wasserkelch. Dann nimm die Gartenraute als »Sprenger«, wandere dreimal außen im Kreis herum (ich gehe instinktiv entgegen dem Uhrzeigersinn, um alles Trübe zu entfernen) und sage dabei:

Ich wasche die Trübheit in dieser Beziehung weg.
Dieses Wasser wischt alle dunklen Aspekte beiseite,
die unsere perfekte Kommunikation stören.
Wir sehen einander deutlich und sprechen klar und
ehrlich miteinander. Ich wasche den Schmerz weg,
die Abwehrhaltung und alles andere, das
die echte Kommunikation zwischen uns stört.

(Oder welche Worte dir auch angemessen erscheinen – meistens haben Beziehungsprobleme etwas damit zu tun, dass man nicht miteinander kommuniziert oder die eine oder andere Seite unaufrichtig dabei ist, doch es gibt auch noch andere Probleme, die man auf diese Weise angehen kann.)

Kehre in die Mitte zurück. Wenn die Gartenraute frisch ist, stellst du sie in eine der Vasen. Nimm dann in jede Hand eine Blume und visualisiere wieder die besten Aspekte eurer Beziehung. Stell dir vor, wie zwischen euch die Kommunikation rein und leicht fließt, wodurch alles Störende, das im Wege steht, weggeräumt wird. Bitte die Mutter, euch beide zu segnen, während du dich durch alles, was in dieser Kommunikation hervorkommt, durcharbeitest. Stell die Blumen danach in die zweite Vase.

Während die Kerzen und das Räucherwerk noch brennen, hältst du das Papier mit den Symbolen (oder den beiden Gegenständen, die euch gehören) in den Händen und stellst dir vor, wie weißes Licht erst dich und dann deine Umgebung erfüllt. Wenn du magst, kannst du etwas sagen, dich und deine Handlungen und Worte dem Dienst der Götter weihen, oder du kannst auch einfach ruhig dastehen und visualisieren, wie sich die Reinigung vollzieht. Wenn du dich bereit fühlst, lass alles los, danke der Mutter und beende das Ritual auf eine dir angenehme Weise. Stelle die beiden Vasen an einen Platz, wo du sie immer sehen kannst, vor allem wo du mit der betreffenden Person kommunizieren könntest. (Wenn es jemand ist, mit dem du am Telefon redest, stellst du die Blumen zum Beispiel dort auf, wo du beim Telefonieren üblicherweise sitzt.) Wiederhole das Ritual alle dreißig Tage, bis sich die Situation geklärt hat. Tausche die Blumen jede Woche aus, hebe die alten auf, trockne sie und bewahre sie an einem sicheren Ort auf, bis die Beziehung gefestigt ist. Dann kannst du die getrockneten Blumen in den Wind werfen und dabei der Mutter für ihre Hilfe danken.

Volkszauber, um deinen Partner von Seitensprüngen abzuhalten

- Nimm ein Paar alte Schuhe, die deinem Partner gehören. Lege in jeden Schuh einen Magneten oder einen Ladestein. Vergrabe die Schuhe mit den Kappen in Richtung Haus im Vorgarten – das soll ihn daran erinnern, wo er lebt. Wenn du im umgekehrten Fall versuchst, einen dich verfolgenden Ex-Lover loszuwerden, lässt du die Magneten weg und vergräbst die Schuhe mit den Kappen zur Straße hin. Du kannst diesen Zauber auch bei einem umherirrenden Teenager anwenden, der anscheinend vergessen hat, wo sein Zuhause ist; bei einem Mieter, der glaubt, er kann abhauen, ohne die offenen Rechnungen zu begleichen, oder umgekehrt, um deine Schwiegermutter fern zu halten. (He, frag nicht mich – die moralischen Entscheidungen triffst doch du!)

- Den gleichen Zauber kann man auch im Haus anwenden. Nimm ein altes Paar Schuhe. Lege in jede Kappe einen Magneten und stelle sie unter das Bett, in dem die betreffende Person schläft. Das soll sie daran erinnern, dass sie in ihrem eigenen Bett nächtigen soll.
- Um einen Partner am Herumstreunern zu hindern, bindest du ein Püppchen (eine kleine ausgestopfte Puppe) mit dem Namen des Betreffenden im Innern an die Unterseite des Bettes.
- Wickle ein Foto deines Partners um einen goldenen Schlüssel. Ermächtige es für Erfolg in der Beziehung. Füge ein Stück Narde hinzu, damit die Beziehung vertrauensvoll bleibt. Vergrabe das Ganze in einem Blumentopf im Haus. Wässere den Topf alle dreißig Tage mit Narden-Tee.
- Wenn er mit dir fertig ist und dich verlassen hat und auch noch deinen kleinen Hund mitgenommen hat, suchst du eine gelbe Kerze, drei ungefähr 52,5 Zentimeter lange Schnüre oder Fäden Stickgarn und eine Nadel. Steche die Nadel ungefähr auf halber Höhe in die Kerze und lass sie dort stecken. Bete, dass die Person weder Frieden noch Ruhe findet, bis sie zurückkehrt und die Beziehung auf konstruktive Weise endet. Mach das drei Tage hintereinander; halte dabei jeden Tag eine der Schnüre oder einen Garnfaden; knüpfe drei Knoten in das Stück und blicke dabei auf die angezündete gelbe Kerze. Wirf die Schnur auf die Straße. Wiederhole die Prozedur so lange, bis alle drei Schnüre auf der Straße liegen. Die Gebete kann man an die heilige Helene von Jerusalem richten, an den heiligen Antonius, die Gebenedeite Jungfrau, die Wicca-Mutter, an Bride oder, wenn Kinder mit betroffen sind, an Diana oder den heiligen Josef. Lass die Kerze am dritten Tag vollständig herunterbrennen.

- Wenn der Partner dir treu bleiben soll, sammle jeweils 2 Stück von Folgendem: Magnolienblätter, Lindenblüten (Treue), Rosmarin (damit der Betreffende dich im Kopf behält), Lavendel (Frieden und Harmonie) und Rosenblütenblätter (Liebe). Lege die Magnolienblätter beiseite. Zermahle die anderen Pflanzen zu Pulver. Lege das Pulver auf eines der Magnolienblätter, decke es mit dem anderen Blatt zu und versiegle die Ränder mit rotem Kerzenwachs. Lege die Magnolienblätter zwischen Matratze und Lattenrost des Bettes, in dem die betreffende Person schläft.
- Für Treue durch den Magen füge geladenes Basilikum seinem/ihrem Lieblingsgericht zu. Serviere ein ermächtigtes Schokoladendessert. Vergiss nicht ein romantisches Kerzenlicht mit roten Kerzen.
- Nimm das Handtuch, das dein Lover als Letztes nach dem Baden benutzte. Schneide einen ungefähr neunzig Zentimeter langen schmalen Streifen von dem Handtuch ab. Reibe dich selbst mit dem Handtuch ab. Mache an drei Stellen einen Knoten hinein. Lege es zwischen die Matratze und den Lattenrost.
- Setze eure beiden Namen auf ein Stück Papier. Stelle einen Teller darauf. Lege eine große Zwiebel auf den Teller. Ermächtige sie für Liebe. Je größer die Zwiebel wird, desto mehr Liebe wird in deinem Zuhause herrschen. (Vorausgesetzt, es gab zuvor keine großen Probleme!)

Liebeszauber für Streuner

Der folgende Zauber funktioniert überaus gut bei vermissten Personen oder wenn du Informationen über Verstorbene benötigst (natürlich wirst du dann den Wortlaut ein wenig ändern müssen).

Der Zauber kann auch eingesetzt werden, um das Lieblingstier nach Hause zu rufen. Andere mögliche Situationen sind: wenn jemand die Gefängniskaution hat sausen lassen und du hast sie hinterlegt; wenn ein Mitbewohner mit deiner Stereoanlage abgehauen ist, oder wenn ein Teenager nach dem größten Kampf, den ihr je miteinander hattet, von zu Hause weggelaufen ist.

Benötigte Materialien: Passionsblume; Veilchenwurzel; ein Räucherbrikett (ein kleines Stückchen reicht); mehrere getrocknete Blätter Dreimasterblume; ein Magnet; braunes Papier; Klebeband oder Kerzenwachs; eine weiße Untertasse; ein Foto der Person (wenn du an eines rankommst); eine weiße Kerze; ein ungefähr 32,5 Zentimeter langes, schmales rotes Band; eine neue Schere.

Anleitung: Lege alle Gegenstände auf deinen Liebesaltar. Reinige, weihe und ermächtige sie. In diesem Zauber besteht der erste Schritt darin, jedweden tief sitzenden Hass aus deinem Herzen zu verbannen. Zu diesem Zweck verbrennst du die Passionsblume und die Veilchenwurzel auf dem Räucherbrikett, während du Folgendes sagst:

Ich sitze an den Flüssen der Liebe und weine in Erinnerung
an das, was ganz, gut und immer harmonisch war.
In jenen Tagen spielte die Weide ihr Zauberlied
auf der Harfe ihrer silbernen Blätter und brachte Liebe
in mein Leben. Nun bin ich in einem fremden Land,
an einem Ort der Verletzung und des Schmerzes, und obwohl ich aufgefordert bin, die Lieder der universalen Liebe
zu singen, kann ich doch meine Stimme nicht erheben
und auch mein Herz nicht von seiner Last befreien, so groß
ist der Aufruhr in meinem Innern. Möge ich mich stattdessen doch an die sanften Gefühle der mitfühlenden Liebe

**erinnern und an die Melodie des Herzens, wenn es
in Harmonie mit dem Wind tanzt.
Obwohl ich in Schwierigkeiten stecke, weiß ich doch,
dass die Liebe Frau mich wieder beleben wird,
dass der Herr seine liebende Hand
gegen jene ausstrecken wird, die mir wehzutun versuchen,
und beider rechte Hände mich aus meiner
Verzweiflung erretten werden.**

Wickle an deinem Liebesaltar die Blätter der Dreimasterblume und den Magneten in braunes Papier ein. Versiegle es mit Klebeband oder Kerzenwachs. Lege das braune Papierpäckchen an deiner Eingangstür unter die weiße Untertasse. Stell die weiße geladene Kerze oben drauf. Öffne die Schere und binde sie so fest, dass sie geöffnet bleibt (das ist sehr wichtig). Platziere die Schere so um die Kerze (eine Schneide auf der rechten, die andere auf der linken Seite), ohne dass sie die Kerze wirklich berührt. Zünde die Kerze an.

Deine Worte sind bei diesem Zauber extrem wichtig. Du musst ganz genau sagen, was du zu dir zurückziehen möchtest. Vielleicht hast du nicht das Bedürfnis, deinen Mitbewohner wiederzusehen, aber du hättest gerne deine Stereoanlage zurück. Wenn du ein Haustier vermisst, würdest du dessen Namen nennen und vielleicht auch das Lieblingsspielzeug des Tiers an der Tür deponieren. Du könntest sagen: »Ganz gleichgültig, wo Fluffy ist, er wird hierher zurückgezogen, zu seinem Heim, und zwar gesund und wohlbehalten.«

Sobald du deinen Wunsch ganz konkret genannt hast, hältst du die Hände über die Kerze und stellst dir vor deinem geistigen Auge vor, wie die Flamme die betreffende Person oder das gesuchte Objekt zu dir zieht. Du kannst auch noch folgende Fürbitte dazusetzen:

Ich bitte die Heilige Mutter in der Stunde meiner Bedrängnis.
Lass (der Name der Person)'s Gesicht
nicht vor mir verborgen sein.
Ich suche ____________, und mit deiner Hilfe
werde ich ihn/sie finden. Er/Sie kann die Beziehung
nicht ohne positive Kommunikation
und einen guten Abschluss aufkündigen.
____________ wird nicht mehr umherwandern,
er/sie wird weder Frieden noch Ruhe haben,
bevor diese Situation nicht
auf bestmögliche Weise bereinigt ist.

Lass die Kerze brennen oder zünde sie jeden Abend sieben Minuten lang an, bis sie vollständig heruntergebrannt ist. Wenn die fragliche Person (oder das Tier) nicht zurückgekommen ist und du auch keine diesbezüglichen Informationen erhalten hast, nimmst du eine neue Kerze. Fahre mit der Prozedur fort, bis du erhalten hast, was du wolltest.

Anmerkung: Wenn die Person zurückgekehrt ist, darfst du die Schere nicht schließen, sonst könnten die Schwestern des Schicksals die Beziehung dauerhaft schädigen. Wenn du jedoch lediglich deine Stereoanlage wiederhaben wolltest und dein Mitbewohner taucht mit großer Klappe und deinem Hab und Gut wieder auf, steht es dir frei, die Anlage zu packen und die Schere zu schließen. Noch besser ist es, die Stereoanlage an einen sicheren Ort zu bringen und dann die Schere zuschnappen zu lassen (aber nicht um den Hals des Mitbewohners).

Um zu verhindern, dass Böses hereinkommt, hängen Zauberer mit italienischem, deutschem oder französischem Erbe die geöffnete Schere über dem Türsturz des Vordereingangs des Hauses auf, um so der Negativität den Weg zu verwehren; man kann auch Psalm 16 einsetzen.

»Komm zurück zu mir«-Zauber

Wie beim vorherigen Zauber gibt es auch hier mehrere Möglichkeiten, die Energien dieses Spruches anzuwenden. Lass deiner Kreativität freien Lauf. Dieser Zauber wirkt großartig beim Verlust von Gegenständen wie auch von Menschen und Haustieren.

Benötigte Materialien: Ein Stück Pergament; ein roter Füller; ein Spiegel; eine rote Kerze.

Anleitung: Schreibe deinen Namen und den der anderen Person auf das Pergament. Ziehe drei Kreise um die Namen, ohne den Stift abzusetzen. Lege das Papier mit der beschriebenen Seite nach oben unter den Spiegel. Stell die Kerze auf den Spiegel. Zünde sie an und stell dir vor, wie die Kerzenflamme diese Person zu dir zurückzieht. Allerdings hat dieser Zauber noch einen wichtigen Zusatz, wenn du dich auf eine Person konzentrierst:

Wenn du nicht gut für die Liebe mein, fort sollst du sein,
weit, weit ins Meer hinein, so soll es sein!

»Komm, spring mich an«-Zauber

Ja, stimmt! Dieser Zauber gleicht dem »Komm spring mich an«-Öl in Kapitel 2. (Du merkst aber, dass ich diesen Zauber in einem anderen Zusammenhang genannt habe.)

Benötigte Materialien: Damiana (Lust); Galangal (Lust); Cayennepfeffer (Leidenschaft); Koriander (beschleunigt die Wirkung); eine rote Kerze.

Anleitung: Vermische die oben genannten Kräuter und zermahle sie zu Pulver. Streue sie auf den Gehweg vor deinem Haus und sage immer wieder: »Komm, spring mich an«, bis du das Pulver ausgestreut hast. Da dieser Zauber sehr stark ist, rate ich dir, dabei an eine bestimmte Person zu denken, denn du willst ja nicht von einem x-Beliebigen angesprungen werden. Lade den Rest in eine rote Kerze. Lass sie vollständig abbrennen. Du kannst ihn auch für den »Komm, spring mich an«-Öl-Zauber (siehe Seite 48) verwenden.

Liebeswein

Serviere für einen romantischen Abend dieses flüssige Vergnügen!

Benötigte Materialien: Eine Flasche trockener Rotwein; ¼ Teelöffel süßes Basilikum; Cubebenbeeren; Liebstöckel; Waldlilie; ein goldener Becher; 3 Kerzen: eine rosafarbene, rote und gelbe.

Anleitung: Lass die Kräuter sieben Tage lang in dem Rotwein ziehen und bitte jeden Tag neun Minuten lang darum, dass das Gebräu mit göttlicher Liebe ermächtigt wird. Seihe es dann ab und entferne die Kräuter. Vergrabe sie in deinem Garten oder in einem Blumentopf mit Erde aus deinem Garten. An einem dunklen Ort aufbewahren. Schenke an Neumond ein Glas Wein in einen goldenen Becher. Umgebe den Becher mit einer rosafarbenen, einer Gottheit geweihten Kerze, einer roten Kerze für glühende Leidenschaft und einer gelben Kerze für Entschlossenheit. Die Kerzen sind deine Gaben an die Gottheit.

Nippe an dem Wein aus dem Becher und konzentriere dich auf die Person, die du liebst. Trinke am selben Abend oder bald darauf den Wein mit deinem Geliebten. Ihr müsst beide mindestens einen Schluck aus demselben Glas trinken.

Anmerkung: Ziehe erst deinen Arzt zu Rate, bevor du einen Kräutertrank zu dir nimmst.

Zauber, um den Griff dieser klebrigen Finger zu lockern

Die Geschichte der Beziehungen ist voll von Streitigkeiten über Geld, und bei diesem Thema ist offene Kommunikation unabdingbar, sowie ein Finanzplan, den ihr beide akzeptiert. Was aber, wenn du einen geizigen Partner hast, der wegen jeder kleinen Ausgabe einen Riesenaufstand veranstaltet? Sagen wir, du möchtest dieses Sofa unbedingt haben, du brauchst es, und du weißt, er oder sie wird monatelang murren und nörgeln, wenn du losziehst und dieses ersehnte Stück erstehst. Das ist ein Stress, auf den du gut verzichten kannst.

Benötigte Materialien: Eine grüne Kerze (Geld) und 1 violette Kerze (Macht). Parfümiere beide mit deinem bevorzugten Geldöl (oder Maisöl, wenn du nichts anderes zur Hand hast). Rolle die grüne Kerze in Goldglimmer, der ermächtigt ist, dir Geld zu bringen. Rolle die violette Kerze in Silberglimmer, der ermächtigt ist, deine spirituelle Kraft zu stärken. Du kannst auch ein wenig Echinacea dazugeben, um die Kerzen zu stärken.

Außerdem brauchst du ein Stück Papier, einen Füller und Wandelklee.

Anleitung: Schreibe auf das Papier neunmal den Namen der anderen Person. Schreibe dann deinen eigenen Namen elfmal über die anderen Namen. Damit wird deine Macht zurückgeholt. Lege das Papier unter die violette Kerze. Wenn du für etwas einen bestimmten Eurobetrag brauchst, kannst du ihn zu dem Zauber hinzusetzen, indem du ihn auf ein separates Blatt Papier schreibst und dieses unter die grüne Kerze legst. Du kannst den Betrag aber auch direkt auf die grüne Kerze ritzen. Roll den Wandelklee einundzwanzigmal in den Händen hin und her, dann lege ihn um die Basis der Kerze herum aus. Zünde beide Kerzen an und sprich deine Absichten laut aus. Lass die Kerzen vollständig herunterbrennen.

Schub für die eigene Macht in einer beruflichen Beziehung

Ganz egal, wie hart wir arbeiten, manchmal möchte jemand den Ruhm einheimsen und sich an deine Frackschöße heften, um so den Chef zu beeindrucken und dich in einem Licht erscheinen zu lassen, als hättest du die ganze Nacht in einem Müllhaufen geschlafen. Hier ist ein Zauber, der dir die Oberhand gibt.

Benötigte Materialien: Wandelklee oder Johanniskrautwurzel; Kampfer; Whiskey; ein Blatt Papier und ein Füller.

Anleitung: Rolle das Kraut mehrere Male in den Händen hin und her und denke dabei daran, wie die Qualität deiner Arbeit ganz deutlich wird, da sie es verdient. Gib das Kraut in eine Mischung aus je einem Teil Whiskey und Kampfer. Schreibe neunzehnmal den Namen der anderen Person (oder in knapper Formulierung das Problem) auf das Papier. Schreibe deinen eigenen Namen einundzwanzigmal darüber. Lege das Papier unter die Whiskey-Kampfer-Mixtur. Halte die Hände über das Glas und bitte mindestens elfmal, dass deine Arbeit die bestmögliche sein werde und dass du die Negativität anderer überwinden wirst. Nimm die Kräuter mit zur Arbeit. Reibe sie in den Händen, bevor du die andere Person berührst, die gegen dich agiert oder versucht, dich zu ihrem eigenen Vorteil zu benutzen.

Wenn der Partner wie ein Wilder dein Bankkonto abräumt

Letzte Woche hattest du über tausend Euro auf deinem Bankkonto, und jetzt teilt dir der Geldautomat mit, dass du nicht einmal mehr einhundert Euro hast, und bis zum Zahltag sind es noch zwei Wochen ... und oh, ja, die Kinder haben eine ganze Woche schulfrei und es ist nichts zum Essen im Haus. Das klingt vertraut? Du bist bestimmt nicht die Einzige mit diesem Problem. Und es wird dein Liebesleben mit Sicherheit beeinträchtigen. Natürlich würde ich vorschlagen, ein offenes Gespräch über das Familienbudget zu führen oder sogar einen psychologischen Berater aufzusuchen, wenn du dies für nötig hältst. Aber es hindert uns auch nichts daran, zusätzlich mit einem Zauber dagegen anzugehen.

Benötigte Materialien: 1 violette Kerze (für persönliche Macht); 1 blaue Kerze (für die höhere Schwingung der Partnerschaft); Has

No Hanna Oil (Has No Hanna Oil hilft dir unumstritten, dass du deine Pfoten auf deinem Geld behältst. Ich muss es wissen, denn ich benutze es oft. Mit vier Kindern ständig pleite zu sein ist genauso natürlich wie das Atmen, wenn du nicht ein Auge auf deinem Geld hast); ein Blankoscheck oder ein Kontoauszug; ein Anker (nein, nicht von der USS *Enterprise*, ein kleiner Talisman oder ein Foto reicht); eine schwarze Kerze (um eine schlechte Angewohnheit zu bannen); dein bevorzugtes Bannöl; wenn es sich um ein Kreditkarten-Problem handelt, schau, ob du die Karte ihm oder ihr aus den Klauen winden kannst – falls du es nicht schaffst, nimmst du den Kontoauszug.

Anleitung: Dieser Zauber muss einen ganzen Monat lang praktiziert werden. Parfümiere an Vollmond die violette und die blaue Kerze mit dem Has No Hanna Oil. Stelle die Kerzen an den oberen Rand des Blankoschecks. Lege das Ankerfoto oder den Talisman auf den Scheck. Zünde die Kerzen an. Halte die Hände über die Flammen (nicht zu nah) und sage:

Heilige Mutter, tritt hier ein.
Ich danke dir für deine Führung und Liebe.
Wegen der Überziehung/zu hohen Ausgaben
bin ich am Verhungern.
Ich werde von Gläubigern verfolgt *(falls dem so ist).*
Ich bitte dich, hilf mir, den Schaden zu reparieren,
den *(Name)* meinem Kredit
(falls dem so ist, oder meinem Bankkonto etc.)
zugefügt hat. Bitte zeig mir einen Weg,
wie ich verhindern kann,
dass das Problem noch einmal auftritt.

Lass die Kerzen vollständig herunterbrennen. Reibe an Dunkelmond, wenn möglich an einem Samstag, die schwarze Kerze mit dem Bannöl ein. Du wirst die schwarze Kerze abbrennen, um Schulden zu verbannen. Wenn Kreditkarten dir Probleme machen, legst du sie unter die schwarze Kerze oder benutzt den betreffenden Kontoauszug und bittest die Mutter, die Schulden zu bannen. Lass diese Kerze vollständig herunterbrennen. Wenn es wirklich schlimm steht, wende dich an eine Schuldnerberatung (du findest sie im Telefonbuch).

Zauber gegen Couch potatoes

Als Allererstes: Verstecke die Fernbedienung des Fernsehgeräts. Besser noch, steck leere Batterien hinein. Wenn er nach neuen fragt, legst du wieder leere Batterien ein. Ja, schon gut, das war nur ein Scherz! Hier ist ein kleiner Zauber, mit dessen Hilfe du dich verführerischer fühlst. Er ist allerdings ein wenig komplizierter.

Benötigte Materialien: 1 Tasse Babypuder; je 1 Teelöffel Veilchenwurzel, zerstoßene Rosenblüten, Nelken und Rosmarin (damit du ihm oder ihr nicht aus dem Kopf gehst); 3 orangefarbene Kerzen (um Erregung auf dich zu ziehen); Liebesöl oder -parfum; 2 Streifen Papier; ein Füller; abgeschnittene Nägel oder Haare von euch beiden; 1 Kartoffel; 2 Nadeln; ein schöner klarer Quarzkristall in der Größe einer 10-Cent-Münze; Mörser und Stößel; Morgana's Aphrodite-Räucherwerk (siehe Seite 41). Für das Bad: je ein ¼ Teelöffel geweihtes Salz, Backpulver und Bittersalz.

Anleitung: Vermische den Babypuder, Veilchenwurzel, Rosenblüten, Nelken und Rosmarin. Zermahle das Ganze mit dem Stößel im Mörser zu feinem Pulver. Reibe die orangefarbenen Kerzen mit Liebesöl ein. Zünde eine Kerze und das Räucherwerk an, während du ein Liebe anziehendes Bad mit den dafür genannten Ingredienzen (Salz, Backpulver, Bittersalz) nimmst. Während du in der Wanne liegst, denkst du daran, wie du die Liebe zu dir ziehst und jedwede Negativität loslässt, die vielleicht in dir steckte. Lass deinen Körper an der Luft trocknen und reibe ihn dann mit dem Babypuder ein, wobei du vor allem die Chakra-Punkte (Scheitel, Stirn, Hals, Herz, Nabel, Solarplexus und Leiste) einreiben musst. Manche Zauberer verwenden für diese Punkte zusätzlich noch Bezwingungs-Öl, Liebesöl oder -parfum, vor allem bevor sie zu einer Verabredung gehen oder wenn sie auf jemanden anziehend wirken wollen. Schreibe an deinem Liebesaltar deinen Namen und den deines Partners auf zwei verschiedene Blätter Papier. Lege die Nägel oder Haare auf die entsprechenden Namen. Roll die Papierstreifen auf und versiegle sie mit dem orangfarbenen Wachs der Kerze. Zünde die zweite orangefarbene Kerze an und bitte darum, Liebe in die Partnerschaft zu holen. Halte die Kartoffeln in den Händen und rolle sie einundzwanzigmal hin und her, denke dabei an Liebe, Harmonie und Glück in deiner Beziehung. Hefte die beiden aufgerollten Papierstreifen mit den Nadeln auf die Kartoffel. Lade den Kristall, damit er die Liebe der höheren Ebene in deine Beziehung holt. Bete, auf deine eigene Weise, mindestens neun Minuten lang.

Lass die Kerze vollständig abbrennen. Lege die Kartoffel an einen sicheren Platz unter dem Bett, in dem ihr beide schlaft. Wiederhole nach sieben Tagen das Bad und zünde die dritte orangefarbene Kerze an.

Warnung: Das ist einer jener langsam wirkenden Zauber, die ich bereits an anderer Stelle in diesem Buch erwähnt habe. Hab Geduld. Bald wird er statt nach der Fernbedienung nach dir greifen.

Apfelzauber für unsterbliche Liebe

In der Welt der Zauberei symbolisiert der Apfel Liebe, Unsterblichkeit, die Seele, Heilung, Verführung und Fruchtbarkeit. Äpfel wurden zahlreichen Göttinnen in verschiedenen Kulturen geopfert (Diana, Demeter, Kore und Hera in Griechenland; Cerridwen- und Crone-Manifestationen keltischer Göttinnen, besonders bei der Bitte um hellseherische Fähigkeiten bei den Kelten; Frau Holda in Deutschland; und sogar der Jungfrau Maria). Zur Stärkung deiner augenblicklichen Beziehung kannst du jede dieser Göttinnen anrufen.

Benötigte Materialien: 1 großer, sehr roter Apfel; ein scharfes Messer; die Namen der beiden Personen, die ihre Beziehung stabilisieren wollen, auf einem Blatt Papier, das in ein gezeichnetes Herzbild eingeschlossen ist; je ¼ Teelöffel Honig, Nelken und Zimt; 1 kleines rotes Teelicht; 4 orangefarbene Votivkerzen; Liebesöl oder -parfum; Liebesräucherwerk; 4 neue 10-Cent-Münzen.

Anleitung: Schneide den oberen Teil des Apfels ab und lege ihn beiseite. Höhle den Apfel aus (mit einem Messer oder einem Löffel). Lege das Papier mit den Namen in den Apfel und bedecke es mit den Kräutern und dem Honig. Setze zuletzt das rote Teelicht ein. Stell den Apfel auf deinen Liebesaltar. Arrangiere außen herum die vier orangefarbenen Votivkerzen, nachdem du sie mit deinem bevorzugten Liebesöl oder -parfum eingerieben hast.

Brenne dein bevorzugtes Liebesräucherwerk an. Zünde nacheinander die vier Votivkerzen an und rufe dabei die Himmelsrichtungen Norden, Osten, Süden und Westen in genau dieser Reihenfolge herbei. Erbitte von jeder Richtung eine Stärkung der Beziehung. Halte die Münzen in den Händen und bewege sie in den Handflächen hin und her, reibe sie siebenundzwanzigmal und denke dabei daran, dass du die Beziehung stärkst. Lege unter jede Votivkerze eine Münze. Führe den Apfel durch den Rauch des Liebes-Räucherwerks und wiederhole dabei erneut deine Bitte. Zünde das Teelicht im Apfel an. Schwenke den Apfel nahe an den Flammen der vier Kerzen vorbei, und zwar nacheinander und mit dem Norden beginnend, und stell dir dabei die Macht und Stärke der Liebe vor, die zu dir kommt und den Apfel und dich selbst umfängt. Lass alle Kerzen vollständig herunterbrennen. Löse den Stiel aus dem Apfeldeckel. Lege den Deckel auf den Apfel (der immer noch gefüllt ist, nur das Teelicht ist jetzt gelöscht). Vergrabe den Apfel in deinem Garten (oder in einem Blumentopf, wenn du keinen Garten hast) und danke dabei der Göttin und bitte sie, dass diese Verfestigung der Liebe auf positive Weise an dem ihr passenden Ort und Zeitpunkt garantiert sein möge. Ja, das ist wieder ein Zauber, für den man Geduld mitbringen muss.

Neujahrs-Schneezauber zur Wiederbelebung einer alten Liebe

Neujahr ist zwar nicht unbedingt ein magischer Festtag, doch die allgemein übliche Begehung des Neujahrsfests ist ins Unbewusste eines jeden von uns durchgedrungen. Es spricht nichts dagegen, dass du diese Nacht der kollektiven »Erneuerung« dazu benutzt, einer alten Beziehung neue Lebensenergie einzuflößen.

Benötigte Materialien: 1 Sektglas aus Plastik (oder 2, wenn dein Partner mitmacht); Metallkonfetti; ein großer Topf voll Schnee (wenn es in deiner Gegend nicht schneit, so nimm stattdessen Quellwasser); dein bevorzugtes Liebes-Räucherwerk; Liebesöl oder -parfum; ¾ Teelöffel Salz; Schnee vom Boden (optional).

Anleitung: Fülle, bevor es zwölf Uhr schlägt, beide Gläser mit Metallkonfetti. Gib drei Tropfen Liebesöl oder -parfum in jedes Glas. Ermächtige beide Gläser, erneuerte Vitalität in die Beziehung zu bringen. Vermische das Metallkonfetti mit dem Schnee im Topf. Forme zwei Schneebälle (lass noch etwas Schnee im Topf). Reibe ein wenig Liebesöl oder -parfum auf die Schneebälle. Du kannst auch eure zusammengeschriebenen Namen zur Verstärkung in die Schneebälle stecken. Ermächtige die Schneebälle für eine dauerhafte liebevolle Beziehung mit neuer Vitalität. Lege sie draußen vor dem Haus bei der Eingangstür ab und sage:

So wie ihr schmilzt, wird sich unsere Beziehung auf positive Weise festigen.

Gib zu dem im Topf verbliebenen Schnee einen ¾ Teelöffel Salz (nacheinander dreimal ein Viertel) und konzentriere dich dabei auf die Reinigungskraft des Salzes und des Wassers. Besprenge damit die Gehwege vor und hinter dem Haus. Wenn die Uhr zwölf schlägt, steht ihr mit den Sektgläsern draußen, seht euch in die Augen und werft Konfetti in die Luft, dann besiegelt ihr den Zauber mit einem Kuss.

Anmerkung: Das Konfetti sieht auf dem Schnee wunderschön aus. Wenn du dir wegen der Tiere Sorgen machst, so kannst du auch Vogelfutter nehmen, das Öl weglassen und die Gläser durch den Rauch des Liebes-Räucherwerks schwenken.

Zauber zur Empfängnis eines magischen Babys

Ich entwickelte dieses Ritual vor mehreren Jahren für eine Frau, der man mitgeteilt hatte, sie könne kein Baby bekommen. Ihr Kind ist heute sieben Jahre alt. Soweit ich weiß, gibt es noch zwei weitere Frauen, die in den letzten Jahren das Ritual erfolgreich durchführten.

Benötigte Materialien: Eine selbst gefertigte Rupfenpuppe; ein Löffel, wenn du ein Mädchen möchtest, eine Gabel, wenn du lieber einen Jungen hättest (aber denk dran, der Geist wird dir das für dich richtige Kind senden); 2 blaue und 2 weiße Kerzen (die auf die Himmelsrichtungen deines Ritualkreises gestellt werden); eine Schüssel mit Granatäpfeln; duftendes Labkraut (optional; assoziiert mit Venus, Element Wasser). Für das Ritualbad: 1 Teelöffel Zimt in 1 Liter Wasser (**Anmerkung:** Zimt kann bei empfindlicher Haut irritierend wirken; verwende ihn vorsichtig).

Anleitung: Nimm ein Ritualbad, dessen Wasser du mit Zimt versetzt hast. Lege dich in das warme Wasser und lass alle Negativität aus deinem Körper raus. Es ist am besten, wenn dein Partner bei dem Bad und dem Ritual mitmacht, aber ich kannte auch einen Fall, in dem die Frau beides mit Erfolg alleine absolvierte. Lutsche während des Bades an einem der Granatäpfel und visualisiere dabei dich selbst in einer der Schwangerschaft förderlichen Verfassung.

Ziehe anschließend den magischen Kreis mit der ausdrücklichen Absicht, um ein gesundes Zauberkind zu bitten. Zünde die vier Kerzen an, beginne mit dem Norden und ende im Westen, und bitte erneut um Segnungen für das Ritual von jedem Element und sprich deinen Wunsch aus, ein magisches Kind mit dem Beistand des Geistes zu dir zu bringen.

Lege die Puppe auf das Labkraut neben der Schüssel mit dem Obst in der Mitte des Kreises. Biete die Obstschüssel dem Geist an und äußere dabei deine Bitte um ein magisches Kind. Stell die Schüssel zur Nordkerze in den Norden. Kehre in die Mitte des Kreises zurück (geh stets im Uhrzeigersinn, wann immer du dich im Kreis bewegen musst). Wenn beide zukünftigen Eltern sich in der Mitte des Kreises befinden, sollte der eine am Kopf und der andere zu Füßen der Puppe stehen und beide sollten die Hände über die Puppe halten. Wiederhole nochmals die Bitte um ein magisches Kind. Stell dir vor, wie der Geist in den Kreis herabsteigt und die Puppe ermächtigt, das magische Kind zu dir zu ziehen. Langsam geht das Paar dann in die Knie, bis die gefalteten Hände die Puppe berühren. Gemeinsam und mit immer noch aneinander gelegten Händen, greifen sie unter die Puppe (das ist der symbolische Akt dafür, dass die Eltern das Kind gemeinsam nähren müssen und trotzdem weiter ein kommunizierendes Paar bleiben) und heben sie hoch. Sie stehen gemeinsam auf. Langsam geht das Paar nun umher, während es die Puppe zwischen sich gepresst hält, das symbolisiert den Fruchtbarkeitsprozess und den Eintritt des Kindes in den Körper der Mutter.

Wenn beide dazu bereit sind, sollten sie sich küssen.

Zusammen tragen sie die Puppe in jede Himmelsrichtung und bitten dabei um Segnungen von den Elementen. Sie kehren zum Norden zurück und legen die Puppe oben auf die Obstschüssel. Legt entweder den Löffel oder die Gabel auf den Norden und bittet um das spezifische Geschlecht (oder lasst das Geschlecht offen, wenn ihr wollt), aber vergesst nicht, deutlich zu machen, dass ihr mit jedem Geschlecht einverstanden seid. Dankt der Gottheit, dann entlasst die Himmelsrichtungen und hebt zuletzt den Kreis auf.

Legt die Puppe und den Löffel oder die Gabel unter das Ehebett und lasst sie dort während der ganzen Schwangerschaft liegen. Bringt das Obst nach draußen und schenkt es dem Geist. Bringt das Labkraut zur vorderen Eingangstür hinaus. Wenn die Mutter sich ins Krankenhaus begibt, um dort niederzukommen, nehmt ihr die Puppe mit. Lasst sie wenn möglich im Geburtszimmer. Wenn das Baby nach Hause kommt, legt ihr die Puppe ans obere Ende der Wiege als zusätzlichen Schutz vor Krankheiten.

Der beste Zeitpunkt für den Zauber ist ein Montag oder ein Sonntag. Führe ihn nie an einem Samstag (bannend) und auch nicht für eine künstliche Befruchtung an einem Samstag durch.

Anmerkung: Viele Zauberpraktizierende haben lieber die Statue einer schwangeren Frau auf ihrem Liebesaltar, wenn sie für die Empfängnis eines Kindes arbeiten, und bringen dieser während der Schwangerschaft häufig Opfergaben.

Neuer Schwung für eine eingefahrene Beziehung

Und du dachtest, die Göttin Caffeinca sei ein Witz!

Benötigte Materialien: 1 volle Kanne frisch gebrühter Kaffee; ein roter Filzstift.

Anleitung: Stell an einem Dienstag in der Stunde des Mars (wenn du kannst) die ungeöffnete Kaffeedose auf den Kopf und zeichne das Symbol für Mars (♂) und die Rune Gyfu (X) auf den Boden der Dose. Öffne dann die Dose. Massiere (ja, wirklich) mindestens sieben Minuten lang den Kaffee in deinen Händen und konzentriere dich dabei darauf, deine Beziehung aufzufrischen und mit Schwung und positiver Erregung zu erfüllen. Brüh einen Becher Kaffee auf und serviere ihn!

Anmerkung: Gemahlener Kaffee ist hervorragend geeignet, um jeden Zauber schneller wirken zu lassen; gebrühter Kaffee wird allerdings dazu verwendet, um Verwirrung zu stiften und andere Zaubersprüche durcheinander zu bringen. Wenn man Essig und Milch hinzufügt, wird die Situation noch mehr verschlimmert.

Attraktivitätszauber

Dieser Zauber hilft, deinen Partner dazu zu bringen, von dir Kenntnis zu nehmen!

Benötigte Materialien: Ein Foto des Geliebten oder eines von dir; 4 Flusskiesel; 2 Karneolsteine; 2 Rosenquarzkristalle; dein diamantener Verlobungsring; ein klarer Doppelender-Quarzkristall; 1 orangefarbene und 1 rote Kerze; Liebe anziehendes Öl oder Parfum; Attraktivitäts-Räucherwerk.

Anleitung: Richte deinen Altar her und stelle das Foto an die Vorderseite des Altars. Lege vier kleine Kieselsteine (in jede Richtung einen) auf das Bild, und zwar etwa drei Millimeter vom Rand des Fotos entfernt. Lege die Karneolsteine in den NO und den SW. In den SO und NW kommen die Rosenquarzkristalle. Lege den Diamantring auf das Gesicht der Person. Den Doppelender-Quarz platzierst du auf der Brust in Ost-West-Richtung. Als Letztes stellst du deine Kerzen (die du mit Liebe anziehendem Öl oder Parfum versehen hast) in den Norden (die orangefarbene) und Süden (die rote) des Fotos.

Zünde das Räucherwerk an und führe dann das Räuchergefäß im Uhrzeigersinn dreimal über das Foto, anschließend setzt du das Räucherwerk auf dem Altar ab. Zünde die orangefarbene Kerze an, dann die rote und sage:

Kristall-Licht und sichtbare Macht
wirkt miteinander in Liebe und Kraft.
Miteinander ihr ruht
und miteinander ihr sollt
den Geliebten mir bringen.
Mit den Steinen des Vaters
und dem Licht der Mutter
lasst kein Hindernis sich stellen
vor meinen Herzenwunsch.
Mit kristallenem Band und bindendem Licht
meinen Geliebten zu mir bringt.
Mit kristallenem Band und bindendem Licht
meinen Geliebten zu mir bringt.
Mit kristallenem Band und bindendem Licht
meinen Geliebten zu mir bringt.

Sieh, wie die innere Kraft der Kristalle zu leuchten beginnt, so wie das Licht in einem Tunnel langsam zunimmt und blendend hell wird. Beobachte jeden Stein mit seiner einzigartigen Farbe. Sieh, wie das Herz der Steine von einem neon-weiß-rosa Licht erfüllt wird, das im Diamant seinen Ausgang nimmt und nach außen pulsiert und sich im Uhrzeigersinn durch alle Steine bewegt. Wenn sie alle vor deinem geistigen Auge erschienen sind, so sieh das Gesicht deines Geliebten im Kristall glühen und visualisiere, die Person habe nur Augen für dich. Wenn das Bild sehr klar ist, entlässt du die Macht, die sich in den Steinen aufgebaut hat, und visualisierst, wie es ins Universum davonschießt und die dumpf glühenden Steine hinter sich lässt.

Trage den Diamant bei dir, am besten als gut sichtbares Schmuckstück. Der Diamant wird als Leitstrahl zu deinem Geliebten agieren.

Anmerkung: Das ist ein machtvoller Zauber. Achte darauf, dass du dir ein Hintertürchen offen lässt, falls dir die Avancen, die dir gemacht werden, nicht zusagen sollten.

»Nimm Notiz von mir«-Zauber

Wenn du das Gefühl hast, dein Partner weiß nicht mal, dass du atmest, dann solltest du diesen Zauber ausprobieren.

Benötigte Materialien: Das Musikstück *Bolero*; 2 gelbe Kerzen; 2 orangefarbene Kerzen; Liebesöl oder -parfum oder Maisöl; Liebes-Räucherwerk; weißes Papier; ein roter Füller; ein roter Teller; eine Bildkerze (männlich, wenn ein Mann dich bemerken soll, weiblich, um eine Frau dazu zu bringen); je ¼ Teelöffel Augentrost, Lavendel und Rosmarin; ein klarer Quarzkristall; ein Stück weißes Band, breit genug, um darauf schreiben zu können; ein roter Zauberbeutel.

Anleitung: Spiel das Musikstück, während du an dem Zauber arbeitest. Ritze deinen Namen in die eine gelbe und die eine orangefarbene Kerze. Reibe sie mit Liebesöl oder -parfum oder mit Maisöl ein. Schreibe den Namen der Person, die von dir Notiz nehmen soll, auf die anderen beiden Kerzen. Achte darauf, dass du in Gedanken »diese Person oder eine noch besser passende« hinzusetzt, wenn du dich auf das Ritzen der Kerzen konzentrierst. Setze auf die beiden Kerzen das Venuszeichen für Liebe (♀). Ziehe alle vier Kerzen durch den Rauch des Liebes-Räucherwerks. Schreibe mit dem roten Füller einundzwanzigmal auf ein Stück Papier den Namen der anderen Person, und setze dann an den unteren Rand *Diese Person oder eine noch besser passende*. Stell die Bildkerze auf deinen Liebesaltar. Der rote Teller kommt an den Fuß der Kerze. Lege das Papier mit den Namen auf den Teller, und zwar mit der beschrifteten Seite nach oben. Bedecke es mit den Kräutern. Ermächtige den Quarzkristall, diese Person oder eine noch besser passende zu dir zu ziehen. Lege den Quarz auf die Kräuter. Stelle die orangefarbenen und die gelben Kerzen außen um die Bildkerze und den Teller herum auf. Schreib deinen Namen (ungefähr in der Mitte) auf das Band. Lege das Band so über die Augen der Bildkerze, dass dein Name auf den Augen der Kerze liegt. Binde es fest. Schneide die überstehenden Enden ab. Zünde die orangefarbenen und gelben Kerzen an und bitte darum, dass die betreffende Person (oder eine besser zu dir passende) Notiz von dir nimmt. Du kannst zum Beispiel sagen:

Nur für mich noch Augen du hast,
so nach des Geistes Willen zu mir du passt.

(Glaub mir, du kannst dieses »Hintertürchen« brauchen.) Zünde sieben Tage lang täglich die orangefarbenen und gelben Kerzen an. Lass die Kerzen am siebten Tag vollständig herunterbrennen, entferne die Augenbinde und lege sie zu Füßen der Bildkerze ab. Wiederhole den Spruch. Lass die Bildkerze vollständig herunterbrennen. Hebe alle Kerzenstumpen und Kräuter auf. Lege sie in einen roten Zauberbeutel. Trage ihn bei dir.

Niemand liebt mich

Gefühle sind etwas Merkwürdiges. Manchmal fühlen wir uns ungeliebt, obwohl wir in Wirklichkeit geliebt werden. Dieser Zauber soll dir helfen, diese Liebe auch zu spüren.

Benötigte Materialien: Kaufe eine hübsche Grußkarte. Sie soll die Gefühle der Liebe zum Ausdruck bringen, die du deiner Ansicht nach in deinem Herzen brauchst; ein Magnet oder ein Ladestein; Klebstoff.

Anleitung: Klebe den Magneten oder Ladestein auf der Rückseite der Karte fest. Halte die Hände über die Bildseite und visualisiere, wie die Karte ein Füllhorn der Liebe wird, gerade das richtige Maß an Liebe zu dir zieht und dafür sorgt, dass du fühlst, was du brauchst (übertreib es bitte nicht). Reibe neun Minuten lang mit den Fingern über das Bild oder die Grußformel und denke dabei, dass du das, was du am meisten brauchst, zu dir ziehst. Lege die Karte auf eine gut sichtbare Stelle (auf den Kühlschrank, auf deinen Schreibtisch, auf den Fernseher etc.).

Anmerkung: Du kannst auch Liebe anziehendes Wasser rund um dein Heim versprengen. Lege Rosenblüten und Myrte drei Tage lang in Quellwasser. Seihe sie ab. Entsorge die Pflanzenteile. Verwende das Wasser, wenn du es für angebracht hältst.

Vom Umgang mit Emotionen

Einer der besten Tricks, die ich jemals erlernt habe, ist der, wie ich auf praktikable Weise mit meinen Gefühlen umgehe. Ich lernte zum Beispiel, wie man zum Ehemann sagt: »Wenn du das und das sagst, fühle ich mich so und so.« Mit diesem kleinen Satz klärten sich viele Streitigkeiten in unserem Heim bereits im Ansatz. Ich lernte auch, eine Emotion zu erforschen, während ich sie empfand. Zum Beispiel machte ich mir Sorgen um Geld und riss deshalb jedermann den Kopf ab, doch ich brauchte nicht lange, bis ich feststellte, dass ich mir dieses Gefühl genauer ansehen und akzeptieren sollte, dass ich es hegte, und es dann loslassen sollte.

Manchmal hilft es auch, diese Gefühle in Visualisierungen umzuwandeln. Wut wird zu einem roten Ball, den ich dann wegstoße. Angst verwandelt sich in einen schwarzen Ball, den ich aus meinem geistigen Auge mit einem echten Armschwinger hinauswerfe. Traurigkeit ist ein blauer Ball, den ich in die Erde zurückfließen lasse. Ich bin sicher, wenn du darüber nachdenkst, findest du tolle eigene Visualisierungen, mit deren Hilfe du dein Leben bereichern und deinen Stress reduzieren kannst.

Schutz im Straßenverkehr

Alle meine Familienmitglieder haben auf dem Armaturenbrett unserer gemeinsamen Fahrzeuge eine Schutzengelfigur, die die Insassen beschützt und an der folgender Fetisch befestigt ist.

Benötigte Materialien: 2 kleine Blatt Pergament; dein Geburtsdatum; ein roter Füller; 1 blaue Kerze; 1 weiße Kerze; Liebe anziehendes Räucherwerk deiner Wahl; Öl folgender Sorten: La Flamme, French Creole, Compelling (das sind Markennamen, die in den meisten Botanikbüchern stehen) oder dein eigenes Liebe anziehendes Öl oder Parfum; 9 goldfarbene Perlen; eine etwa 27,5 Zentimeter lange goldene Kordel; Klebstoff; pulverisierte Liebeskräuter oder eine Mischung aus Klee und Veilchenwurzel.

Anleitung: Schreibe deinen Namen und dein Geburtsdatum auf die beiden Pergamentblätter. Ziehe auf beiden Seiten des Papiers ein Herz um deinen Namen. Schwenke die Kerzen und die Papiere über dem Rauch des Liebe anziehenden Räucherwerks hin und her. Reibe dein gewähltes Öl auf jede Kerze. Reibe jede Perle mit dem Öl ein und wische sie sauber. Lege unter jede Kerze ein Papier und die Fotos deines Wagens. Zünde die Kerzen an und sage:

Entzünde die Flamme, der Liebe loderndes Feuer,
Schutz möge sein und erfüllt der Wunsch, der mir so teuer.

Zieh die Federn, Perlen und die Kordel durch den Rauch des Räucherwerks und wiederhole dabei den Spruch. Schlinge einen Knoten um eine Feder (mit dem Klebstoff bleibt die Feder haften), dann fädle eine Perle auf. Dabei sagst du: »Mit Knoten eins der Zauber setzt ein ...«, und wiederholst den obigen Spruch so lange, bis der Knoten gebunden ist und die Feder und die Perle fest sitzen. Verfahre mit den restlichen acht Knoten genauso und sage dazu:

Mit Knoten zwei real mein Traum sei.
Entzünde die Flamme ...
Mit Knoten drei die Liebe kommt herbei.
Entzünde die Flamme ...
Mit Knoten vier die Liebe ist hier.
Entzünde die Flamme ...
Mit Knoten fünf der Zauber wirkt vernünftig.
Entzünde die Flamme ...

Mit Knoten sechs der Zauber ist fest.
Entzünde die Flamme ...
Mit Knoten sieben der Schutz ist geblieben.
Entzünde die Flamme ...
Mit Knoten acht mein Glück ist gemacht.
Entzünde die Flamme ...
Mit Knoten neun göttliche Liebe wird mich erfreun.
Entzünde die Flamme ...

Halte die Hand über die Kerzenflammen (verbrenn dich nicht) und zeichne viermal das beschwörende Pentagramm (siehe Seite 94) in die Luft über den Kerzen, wiederhole dabei den Segensspruch aus Lady Shebas *Grimoire of Shadows*:

Ich bitte die Erde, den Zauber zu binden.
(Zeichne das beschwörende Pentagramm in die Luft.)
Und die Luft, er möge sein Ziel schnell finden.
(Zeichne wieder das Pentagramm.)
Und das Feuer, ihm von oben den Geist zu geben.
(Pentagramm.)
Und das Wasser, den Zauber mit Liebe zu beleben.
(Pentagramm.)
Und den Geist, ihn durch Zeit und Raum zu heben.
(Pentagramm.)

Klopfe viermal zur Besieglung des Zaubers auf den Tisch. Schwenke den Fetisch über die Kerzenflammen und wiederhole dabei nochmals den Spruch. Klopfe viermal auf den Tisch. Lass die Kerzen vollständig herunterbrennen. Bestreue den Fetisch mit den pulverisierten Liebeskräutern, dann hefte ihn in deinem Wagen entweder an die Schutzengelfigur oder befestige ihn solo irgendwo. Erneuere ihn alle drei Monate.

Auf direktem Weg zurück!

Zur Ablenkung negativer Energien Spiegel zu verwenden ist in zahlreichen Zauberbüchern gängige Praxis. Als meine Tochter in ihrem Job Probleme bekam und zur Zielscheibe vom Geschnatter einiger alter Damen wurde, die nichts Besseres zu tun hatten, beschloss sie, Liebe und die reflektierende Eigenschaft eines runden Spiegels einzusetzen, um das Problem zu lösen. Sie ermächtigte den Spiegel, dachte dabei an die blendende Energie universaler Liebe und sprach »Auf direktem Weg zurück!«, während sie hin und her schaukelte und den Spiegel hielt. (Du kannst auch die Energie der Sonne oder Sechmets hinzunehmen, wenn du willst.) Am nächsten Tag und dann die folgenden sieben Tage hintereinander nahm sie den Spiegel mit zur Arbeit und stellte ihn neben sich auf den Tisch. Jedes Mal, wenn eine der Damen etwas Hässliches zu ihr zu sagen versuchte (oder ein angeblich von ihr begangenes Vergehen an den Vorgesetzten weitergeben wollte), berührte meine Tochter den Spiegel und lächelte, wobei sie in Gedanken sagte: »Auf direktem Weg zurück zu dir!«

Ist dein/e Geliebte/r aufrichtig?

Wenn du meinst, du musst die Wahrheit wissen und dein Partner hält etwas vor dir verborgen, dann wende dich an den Geist, um die Wahrheit über die Situation herauszufinden.

Benötigte Materialien: Ein Kräutertee deiner Wahl, der die gestressten Nerven beruhigt; Augentrost; Kamille; 1 Tigerauge; Wasser; Wattebäusche oder -pads.

Anleitung: Brüh den Kräutertee und trink ihn. Lass Augentrost und Kamille fünfzehn Minuten lang in heißem Wasser ziehen. Ziehe das Tigerauge fünf Minuten lang durch den Kräuterdampf und bitte dabei den Geist, die Wahrheit über die Situation herbeizuziehen. Sprenge die Kräutermischung, sobald sie sich abgekühlt hat, auf die Wattebäusche oder -pads. Lege sie auf die geschlossenen Augen und konzentriere dich auf das Öffnen deines dritten Auges (den Chakra-Punkt in der Mitte deiner Stirn). Mach das sieben Tage lang täglich. Trage das Tigerauge in der Tasche bei dir. Am Ende wirst du die Wahrheit erfahren. Wenn du diese Übung zwecks allgemeiner Förderung deiner psychischen Fähigkeiten fortführen willst, so mach sie mindestens dreißig Tage lang täglich. Wenn du sie an einem Tag unterlässt, musst du wieder ganz von vorne beginnen.

Liebe und Astrologie

Hier einige Vorschläge, mit der du dir Zaubersprüche mit deiner eigenen astrologischen Signatur zurechtzimmern kannst. Für die Arbeit mit diesen Tipps brauchst du eine Abschrift deines Geburtshoroskops.

- Schreibe deinen Namen auf eine grüne Kerze. Lade die Kerze für persönliche Harmonie. Stell die Kerze in einem Leuchter in die Mitte deines Geburtshoroskops. Fokussiere dich auf dich selbst und die Energien von dir, die dein Horoskop darbietet. Bitte den Geist, dass diese Energien in Harmonie mit dem Universum fließen mögen. Wiederhole das Ganze, so oft du möchtest.
- Führe Liebeszaubersprüche durch, wenn der Mond in dem Zeichen steht, in dem deine Geburtsvenus liegt, oder wenn die Geburtsvenus dasselbe Zeichen besucht.

- Lege die Liebhaber-Karte aus einem Tarotspiel in die Mitte deines Horoskops. Lege aus einem normalen Kartenspiel die Herz Neun, Herz Zwei und das Herzass auf dem Horoskop ins zweite Haus (das Haus der Werte). Ermächtige sie, zu dir zu bringen, was du am meisten schätzt.
- Führe Liebeszaubersprüche durch, wenn der Mond auf der Spitze deines siebten Hauses (dem Haus der Partnerschaften und engen Freundschaften) steht.
- Sticke dein Geburtshoroskop auf ein Stück Stoff und lege es in die Mitte deines Liebesaltars, um alle Zaubersprüche, die dich einbeziehen, zu personalisieren. Oder du kannst es dir wie ich auch leicht machen und das Horoskop mit Kleister auf ein Stück Holz kleben.
- Ermächtige die Edelsteine und lege sie entsprechend deiner Wünsche auf die verschiedenen Häuser deines Geburtshoroskops.

Glücksmaß-Zauber

Ob du es glaubst oder nicht, der Geist gab allem und jedem bei der Geburt ein Glücksmaß mit. Dein Glücksmaß ist mit deinen angeborenen Talenten verknüpft. Wenn du gerne schreibst und dies tun kannst, dann steigt dein Glücksmaß. Das Gleiche gilt für Singen, Musik, ein Geschick für Figuren, Autos oder öffentliche Reden. Dein Glücksmaß ist auch mit deiner übergeordneten Mission im Leben verbunden. Das, was dich glücklich macht, ist der Weg, den der Geist von dir im Laufe deines Erdendaseins zumeist befolgt sehen möchte.

Diesen Zauber kann man anwenden vor, während oder nachdem man seine Talente eingesetzt hat. Dazu sind lediglich dein Lieblingsbuch mit inspirierender Dichtung oder Versen sowie ein pinkfarbenes Band nötig.

Bevor du den Text liest, halte die Hände über das geschlossene Buch und stell dir vor, dass beim Lesen der Worte jede Silbe, jede Nuance, jede Kadenz und jeder Ton in die Luft steigen und über deinem Kopf ein Füllhorn bilden werden – dessen Zweck es ist, den Erfolg, den du brauchst, um den Einsatz deiner Talente zu erfüllen, zu dir zu ziehen. Behalte das im Kopf, während du die Passage liest. Lege das pinkfarbene Band auf die Seite, die du gerade gelesen hast, und schließe das Buch. Zieh das Band durch das Buch auf dich zu und visualisiere dabei den Erfolg, den du durch die Anwendung deiner Talente auf dich zukommen sehen wirst. Praktiziere das, so oft du kannst. Versuche es mit verschiedenen Büchern, nimm dir große Dichter und inspirierende Schriftsteller aus unterschiedlichen Jahrhunderten vor – vielleicht kannst du so deinen Horizont erweitern, während du an deinem Glücksmaß arbeitest!

Liebespraktiken des pennsylvania-deutschen Pow-Wow

Die Pennsylvania-Deutschen (deutschstämmige Siedler) besaßen einen Schatz an Zauberfolklore, der Heilen, landwirtschaftliche Zwecke, Tod und natürlich Liebesdinge umfasste. Der Pow-Wow (das bedeutet »Er, der träumt« und die damit verbundene positive Verzauberung) ist ein System der Volksmagie. Hier nun einige interessante Zauberbrocken, die dir auf deinem Weg nützlich sein könnten.

- Viele pennsylvania-deutsche Farmer glaubten, dass die Hörner des Mondes eine besondere Macht hätten. Wenn die Hörner des Mondes nach oben wiesen (zunehmende Sichel), half dieser Himmelskörper eine Aufwärtskraft zu schaffen. Zu diesem Zeitpunkt wurde ein in das Universum hinausgesandter Zauber durchgeführt, um unerwünschte Energien zu entfernen oder einem geliebten Menschen eine geistige Botschaft zu senden. Wenn die Hörner nach unten zeigten (abnehmende Sichel), war eine nach unten gerichtete Kraft präsent, die es dem Zauberpraktizierenden erlaubte, Dinge zu sich zu bringen oder Dinge tief in der Erde zu versenken.

- Paare, die in der Zeit des Vollmonds heirateten, sollten viele Kinder bekommen.
- Der Mond im Löwen war die Zeit, sich die Haare zu schneiden, wenn man mit einer prächtigen Mähne einen Partner anziehen oder halten wollte.
- Kaufe ein glückspendendes Heim, wenn der Mond im Löwen, Krebs oder Stier steht.
- Um deine Liebe zu einer anderen Person auf positive Weise zu besiegeln, nimmst du drei Federn von einem Hahnenschwanz und presst sie dreimal in die Handfläche deines Partners. Küsse deinen Liebhaber oder Partner dann dreimal, um den Zauber zu besiegeln. Bewahre die Federn als Glückstalisman auf.
- Um die sexuelle Kraft wiederherzustellen, nimm ein neues frisches Ei und übergieße es mit kochendem Öl. Das Öl sollte niemals aufwärts über das Ei, sondern nach unten und dann in fließendes Wasser strömen. Öffne das Ei ein wenig, trage es zu einem Hügel roter Ameisen und vergrabe es dort. (Sei vorsichtig, damit du nicht gebissen wirst!) Sobald die Ameisen das Ei aufgefressen haben, wird die schwächelnde und Problem belastete Person wieder zu ihrer alten Stärke und Kraft zurückfinden.
- Kalte abgebrannte Streichhölzer, die man in ein Blumenbeet oder einen Blumenkasten außerhalb des Hauses legt,

werden negative Energien, die eine Ehe zu zerstören drohen, brechen.

- Wenn du von einer Beerdigung träumst, steht eine Hochzeit bevor.
- Wenn jemand unbedingt heiraten will, sollte man die Hauskatze vom rechten Schuh füttern.
- Lege an Heiligabend einen Laib Brot in den Garten und lasse ihn über Nacht dort. Am Morgen wird das vom Weihnachts-Morgentau feuchte Brot angeschnitten, und jedes Mitglied der Familie isst ein Stück davon, um Gesundheit und Glück für die Familie bis zum nächsten Weihnachten zu sichern.

Alphabetzauber

Um die Liebe in unserem Leben zu halten, ob es nun um unsere Lebenspartner, Freunde, die Familie oder unsere Haustiere geht, müssen wir danach streben, dass alle täglich auf positive spirituelle Weise handeln. Das ist natürlich nicht gerade das einfachste Verhaltensmuster! Hier ist ein kleiner Zauber, der dir helfen kann, selber ein besserer Mensch zu werden und gleichzeitig auf positive Weise die Liebe anzuziehen, die du dir wünschst.

Timing: Führe ihn bei Vollmond aus; wenn das nicht möglich ist, dann an einem Freitag, dem Tag der Göttin Venus.

Benötigte Materialien: Ein feuerfestes Behältnis; 3 getrocknete Rosenblütenblätter; dein Lieblingsparfum (das Parfum wird die »Signatur« des Zaubers); ein pinkfarbener Schal; 27 leere Karteikarten; 1 pinkfarbene Kerze; ein Schüsselchen mit ca. 90 Gramm Honig; ein roter Marker.

Anleitung: Setze dich vor dem für den Zauber festgesetzten Tag an einem ruhigen abgeschiedenen Ort hin. Schreibe auf die ersten sechsundzwanzig Karteikarten mit dem roten Marker jeweils einen Buchstaben von A bis Z. Die siebenundzwanzigste Karte bleibt leer.

Nachdem du den Zauber durchgeführt hast, musst du einen ganzen Monat lang weiter mit den Karten arbeiten. Schreibe auf die Rückseite der ersten Karte etwas über die Qualität mit dem Anfangsbuchstaben A, die du gerne erreichen oder in dein Leben bringen würdest.

Du kannst dafür mehr als ein Wort benutzen, je detaillierter, umso besser. Auf die Rückseite der Karte B listest du die ungeliebten Angewohnheiten auf, die du gerne ablegen würdest. Vom Buchstaben C bis zum Z fährst du so fort, die Charakterzüge zu notieren, die du gerne in dein Leben ziehen würdest. Lass die letzte Karte leer. Für das Beschriften der Karten wirst du einige Zeit brauchen. Je stärker du dich konzentrierst, desto bessere Resultate wirst du mit dem Zauber erzielen.

Reibe bei Voll- oder Neumond einen kleinen Tupfer Parfüm auf die pinkfarbene Kerze und sage:

Ich besiegle diesen Wunsch mit meiner Unterschrift.

Wenn der Mond voll gerundet ist, trage die Kerze, den pinkfarbenen Schal, die Rosenblüten und die Karten nach draußen oder zu einem Fenster, wo sie das Licht des Vollmonds absorbieren können, und bitte eine Gottheit (deiner Wahl) bei deinem Wunsch um Hilfe. Lass alles ungefähr drei Minuten lang im Mondschein liegen. Mach dir nichts draus, wenn der Himmel bewölkt ist, du kannst den Zauber trotzdem durchführen. Falls es Neumond ist, hältst du die Hände über die Utensilien und bittest die von dir gewählte Gottheit um einen Neuanfang.

Führe den Zauber an einem Ort aus, an dem du nicht gestört wirst. Lege die Karten unter die pinkfarbene Kerze. Zünde die Kerze an und sage:

Liebe ist Macht, Macht ist Liebe.

Wiederhole den Satz, bis du dich glücklich und von Frieden erfüllt fühlst. Es spielt keine Rolle, wie lange das dauert. Sobald du Frieden verspürst, hältst du die Hände über die leere Karte und visualisierst genau, welche Art von Liebe du zu dir ziehen willst. Denk dran, Liebe besteht nicht nur darin, Sex zu haben oder einen passenden Partner zu finden – Liebe kann die Gefühle für deine Kinder, deine Eltern, Freunde oder Kollegen umfassen. Die Liebe ist ein hervorragendes Werkzeug, das bemerkenswerte Veränderungen im Leben eines Menschen bewirken kann.

Wenn du mit der Visualisierung fertig bist, verbrennst du die leere Karte in einem feuerfesten Gefäß. Lass die Kerze vollständig herunterbrennen. Übergib die Asche dem Wind. Stell den Honig draußen als Geschenk für deine Gottheit hin.

Arbeite den ganzen Monat hindurch mit den restlichen sechsundzwanzig Karten. Meditiere mit ihnen, trage eine oder zwei in der Hosentasche oder dem Geldbeutel bei dir oder lege allabendlich eine unters Kopfkissen. Wenn du gerade nicht mit deinen Liebeskarten arbeitest, wickelst du sie zusammen mit den drei getrockneten Rosenblüten in den pinkfarbenen Schal. Die Farbe Pink und die Rosenblüten sind universelle Symbole der Liebe und stellen demzufolge eine Verbindung mit der göttlichen Essenz dieser Energie her.

Wenn du nach Ablauf von siebenundzwanzig Tagen nicht zu dir gezogen hast, was du haben wolltest, wiederholst du den Zauber. Magie ist die Kunst der Balance. Es kann drei bis sechs Monate dauern, bis du genau das bekommst, was du haben möchtest, da die Veränderung sich auf zahlreichen Ebenen vollziehen kann, bevor sie für dich real sichtbar wird.

Viele Segnungen für dich!

4

Wie du Liebe abschüttelst

Für eine neue Beziehung, ganz gleichgültig ob es sich um eine feste Partnerschaft, eine Freundschaft oder eine unterhaltsame und leidenschaftliche Affäre handelt, musst du als Erstes – genau wie ein Maler eine leere Leinwand oder jungfräuliches Papier braucht – eine saubere Umgebung schaffen, auf der du die gewünschte Beziehung aufbauen kannst. Im Folgenden findest du praktische Tipps, die dir helfen werden, ein festes Fundament für die Liebe zu legen, aber auch sehr nützlich sind, wenn du die Überbleibsel einer alten Beziehung aus deinem Leben tilgen willst.

- Wirf alle runden Gegenstände aus vergangenen unglücklichen Beziehungen weg. Ein Kreis besitzt Macht und deshalb enthalten alle Armreifen, Ohrringe, Halsketten, Ringe, Fußkettchen, Becher oder andere praktische runde Gegenstände noch die lebendige Energie früherer Beziehungen. Falls du jedoch etwas, was immer das auch sein mag, aufheben musst, so setz dich hin und überlege, warum du diesen Gegenstand tatsächlich behalten willst. Wenn du darüber sorgfältig nachgedacht hast, wird dir vielleicht klar, dass du dir selbst im Wege stehst, wenn du an alten Hoffnungen, Ängsten oder Schmerzen klebst. Falls das fragliche Objekt so wertvoll ist, dass du meinst, du hättest keine andere Wahl (hast du, aber ...), und es ist aus Metall, dann kannst du den Gegenstand abkochen, in Essig tauchen und dann für achtundvierzig Stunden einfrieren. Anschließend verwahrst du ihn in einer sicheren Schachtel (außerhalb deines Hauses oder deiner Wohnung). Wenn du schon dabei bist, dann wirf auch gleich alles andere weg, das du seit ewigen Zeiten nicht mehr benutzt hast. Als Faustregel gilt: Sortiere alles aus, was du in den letzten zwei Jahren nicht mehr in der Hand hattest.

- Vergiss die alten Fotos nicht. Wenn du mit Harold auf die Bahamas gereist bist und er dich dort körperlich missbraucht hat, warum hebst du dann noch diese Urlaubsfotos auf? Wenn deine Frau mit deinem besten Freund davongelaufen ist und du noch Hochzeitsfotos und die Tortenspitze mit dem kleinen Brautpaar hast ... was willst du mit diesem Zeug? Übergieße es mit einer Kappe Isopropylalkohol und drei Tropfen Essig. Lege das Zeug in einen feuerfesten Topf. Tritt einen Schritt zurück. Verbrenne es. Sprich dazu: »Verschwinde dahin, von wo du hergekommen bist. Kehr nicht zurück.«
- Eine spirituelle Dusche, um Negativität zu entfernen, ist auch immer eine gute Sache. Schneide, bevor du duschen gehst, eine frische Zitrone und eine frische Limone in jeweils zwei Hälften. Halte die Hände über die Früchte, bevor du die Duschkabine betrittst. Bitte um die Entfernung aller Negativität und die Segnungen der universalen Liebe. Nachdem du dich wie gewohnt eingeseift und abgeduscht hast, drückst du den Saft der Früchte über deinem Körper aus, atmest tief ein und konzentrierst dich darauf, wie du deinen Körper von Negativität reinigst; dann stellst du dir vor, universale Liebe hervorzubringen. Dusche dich ab. Diese Dusche ist ganz besonders effektiv, wenn du sie bei Kerzenlicht nimmst. Sie eignet sich auch hervorragend für die allwöchentliche Aufbaukur und hilft dir, wann immer du dich deprimiert fühlst. Topmodels tragen in ihren Taschen Zitronen als Erfrischung und Tonikum für die Haut mit

sich herum. Zitronenwasser sorgt außerdem für herrlich frischen Atem! Anschließend nimmst du eine spirituelle Räucherung mittels des Rauchs von Salbei- oder Benzoe-Räucherwerk vor.

- Gib die Kleidung, die negative Anhaftungen aus der Vergangenheit trägt, weg, schmeiß sie fort oder verbrenne sie. Faustregel: Wenn du sie in zwei aufeinander folgenden Jahreszeiten nicht getragen hast, so gib sie weg oder wirf sie fort.
- Verbrenne Briefe, unwichtige Dokumente, alte Karten und andere schriftliche Erinnerungsstücke. Je weniger Papierkram du hast, desto besser ist es und desto weniger musst du dir den Kopf darüber zerbrechen, wie und wo du ihn verwahrst!

Wie man einen Liebeszauber bricht

Einige Zaubersprüche in diesem Buch haben ihre Hintertürchen, damit du wieder aufheben kannst, was du heraufbeschworen hast, doch nicht jeder Zauber besitzt so einen praktischen kleinen Zusatz. Manche Zauber funktionieren allerdings besser, wenn du dir diesen Notausgang selbst ausdenkst.

Nach Ansicht einiger der besten Magier ist es weitaus schwieriger, einen Liebeszauber zu brechen, als ihn auszuführen. Das liege daran, sagen sie, dass ein Liebeszauber dazu gedacht ist, die Gefühle, die man empfindet, wenn man sich verliebt, vorübergehend herbeizuziehen und zu replizieren. Folglich ist es eventuell klüger, *den Energien einfach ihren Lauf zu lassen*, anstatt zu versuchen, in bereits Begonnenes hineinzupfuschen. Normalerweise hält die Verliebtheit (wenn man sie denn so nennen kann) rund drei Monate an. Schwierig wird es, so die Experten, wenn ein Liebeszauber mit der Vorstellung ausgeführt wird, jemanden dem eigenen Willen zu unterwerfen. Diese Zaubersprüche tendieren dazu, aus dem Ruder zu laufen, vor allem wenn man in einem frühen Stadium feststellt, dass das, was man in der betreffenden Person gesehen hat, nur reines Wunschdenken war, und man dann wie verrückt dem Zauber zu widerstehen versucht. Nun bekämpft man die eigene Wahrnehmung von Liebe, und das ist wirklich ein mächtiger Gegner!

Ich habe eine Unmenge Hexen getroffen, die sich mit einem zum Geliebten verwandelten Monster herumschlugen, weil die zaubernde Person mit dem freien Willen eines Menschen ihr Spiel trieb. Das ist die Art des Universums zu sagen: »Jetzt ist Zahltag.«

Da die Liebe nicht innerhalb eines Tages auf der Bildfläche erscheint, schwindet sie auch nicht vom einen auf den anderen Tag. Die Liebe ist, wie andere menschliche Emotionen auch, ein Prozess, durch den wir hoffentlich an Reife gewinnen. Wenn die Energie eines Zaubers einen Monat Zeit erhalten hat, um sich aufzubauen, kannst du sie nicht wie eine elektrische Lampe einfach wieder ausschalten. Es wird möglicherweise genauso lange dauern (wenn nicht sogar noch länger), bis die Energie abnimmt. Deshalb raten die meisten Zauberpraktizierenden, nicht ungeduldig und unruhig zu werden. Lass den Zauber einfach laufen.

Wenn du aber meinst, du müsstest tatsächlich etwas unternehmen, dann findest du hier ein paar nützliche Tipps.

- Die erste Methode, einen Liebeszauber zu brechen, den du selbst vollzogen hast, ist die, die dafür benutzten Gegenstände zu »ent-zaubern« und sie wieder der Erde zu übergeben, wobei du murmelst: »Geh hin in Liebe, geh hin in Frieden, geh hin in Ruhe.« Wenn die Wirkung dessen, was du getan hast, besonders schlimm erscheint, dann musst du wohl Essig oder Urin (ja, ich weiß, ekelhaft, aber das funktioniert) auf Kohlestaub gießen und diesen vor die Eingangstür bringen.

- Eine andere Methode besteht darin, eine Umkehr-Kerze (eine Kerze in zwei Farben, oben eine andere als unten) anzubrennen und um eine Neubewertung der Situation zu bitten. Sei vorsichtig, denn du könntest unabsichtlich andere Dinge in deinem Leben umkehren, die ganz gut liefen. Formuliere deshalb deine Worte ganz konkret. Wenn du mit einem bestimmten Archetyp gearbeitet hast, musst du deine Bitte zur Umkehrung an diesen Archetypen richten. Wenn du Angst hast (und wir wollen hoffen, so weit ist die Situation nicht fortgeschritten), dann würde ich einen Schutzzauber ausführen und ganz profane Schritte unternehmen, um mich aus dem Griff des anderen zu winden.

Als Letztes ein schneller Zauber, der dir hilft, das Getane rückgängig zu machen (falls du verzweifelt sein solltest).

Zurückgeschossener Liebhaber[1]

Dieser Zauber funktioniert nur bei Leuten, die zu dir kamen, nachdem du eine Zauberarbeit für einen neuen Lover abgeschlossen hast. Anschließend stellte sich dann heraus, dass der Betreffende nicht ganz deinen Erwartungen entspricht oder ganz und gar nicht das ist, was du haben wolltest. He, pass auf, du bekommst, was du erbittest.

1 MorningStar, Black Forest Clan, Coven of the Pale Horse, © 2000.

Benötigte Materialien: Nimm eine Socke, ein Taschentuch (benutzt, aber nicht gewaschen) oder einen anderen Gegenstand des unerwünschten Lovers (Haare aus seiner Bürste, abgeschnittene Nagelstückchen, abrasierte Barthaare).

Anleitung: Verbrenne es und sage:

Aus meinem Leben fort du bist,
du getreuer Diener des Zwists.
Ich befehle dir, geh aus den Augen mir,
eh morgen die Uhr schlägt zu Mittag hier!
Wie dies (Name des Objekts) geht auf
im Feuerschimmer,
so bist du weg, und zwar für immer!

Damit dieser Zauber wirkt, ist sehr viel emotionaler Nachdruck vonnöten. Nach meiner Erfahrung dauert es selbst mit intensiver Wut, Pein, Angst oder welcher Emotion auch immer mindestens achtundvierzig Stunden, bis er wirkt, obwohl in dem Spruch von »morgen Mittag« die Rede ist. Doch sobald er wirkt, ist er von Dauer. Du wirst von der fraglichen Person nie wieder etwas sehen oder hören. Es ist nichts darüber bekannt, dass er dem Betreffenden irgendwie körperlichen Schaden zufügt.

Anmerkung: Als Zauberer sollte man stets daran denken, dass die dauerhafte Verbannung einer Person aus der eigenen Gegenwart andere Konsequenzen zur Folge haben kann, mit denen man fertig werden muss ... Zum Beispiel wird man sich mit hereinschneienden Rechnungen etc. alleine herumschlagen müssen, denn der Betreffende verschwindet einfach und kann nicht wieder kontaktiert werden. Sei darauf vorbereitet.

Liebe auflösender oder heilender Zauberspruch

Wenn du ohne Erfolg einen Liebe herbeiziehenden Zauber praktiziert hast, kann es notwendig sein, einen von deiner letzten Beziehung übrig gebliebenen Rest eines Liebesproblems zu heilen; vielleicht ist es aber auch nötig, irgendwelche selbst aufgebauten Blockaden beiseite zu räumen, die noch den besten Zauber sabotieren können. Um sicherzustellen, dass die Liebe ungehindert zu dir fließt, kannst du, wenn du willst, den folgenden Zauber ausführen, bevor du eine weitere Liebe anziehende Arbeit angehst.

Benötigte Materialien: Liebe heilendes Räucherwerk (oder eine Heil- oder trennende Mischung); 1 leeres Blatt Papier; ein Füller, 1 blaue Kerze (zum Trennen und zum Heilen); ein gusseiserner Kessel oder ein anderes feuerfestes Gefäß (ein Kochtopf aus Metall oder eine große mit Wasser gefüllte Schüssel). Am besten geeignet für diesen Zauber ist die Zeit des Vollmonds.

Anleitung: Zünde das Räucherwerk an. Erde und zentriere dich. Zeichne auf das Blatt Papier ein Herz mit Pfeilen, die in alle vier Himmelsrichtungen deuten. Schreibe deinen Namen in die Mitte des Herzens. Lade das Papier und die Kerze mit der Absicht, alle Blockaden gegen die Liebe und die Heilung irgendwelcher bestehenden Liebesprobleme aus dem Weg zu räumen. Bitte die Göttin und den Gott, die Blockaden wegzunehmen und Heilung zu bringen, wo sie vonnöten ist. Achte darauf, dass deine Worte positiv formuliert sind, und vergiss nicht, dem Herrn und der Herrin für ihre Hilfe zu danken. Verbrenne das Papier in der Kerzenflamme, nachdem du die Kerze in den Kessel oder das feuerfeste Gefäß gestellt hast. Stell dir bildlich vor, wie deine Absicht hinaus ins Universum fließt und danach wieder zu dir zurückkehrt und sich manifestiert. Lass die Kerze vollständig herunterbrennen.

Anmerkung: Hekate ist eine gute Wahl für das Wegräumen irgendwelcher Hindernisse.

Einen Zauber brechen, der zur Ehe (oder einer anderen vertraglich abgesicherten Partnerschaft) führte

Wenn du noch die Gegenstände besitzt, die du beim ursprünglichen Zauber verwendet hast, so übergib sie der Erde und bitte darum, dass sie dort in Frieden, Ruhe und Stille bleiben mögen. Wenn du die Sachen nicht mehr zur Verfügung hast, dann kannst du eines dieser Volksheilmittel ausprobieren:

- Stopfe einen Zauberbeutel, den du in das Kissen des Partners legst, mit einer pulverisierten Mischung aus Eisenkrautwurzel, Lavendel, Zitronenkraut, Damiana und Sägepalmenbeere. Zünde eine schwarze Kerze zur Ablenkung von Negativität an und bitte darum, dass der Betreffende sich für jemand anders zu interessieren beginnt, der besser zu seiner Persönlichkeit passt, und dass allen diese Verlagerung ihrer Zuneigung bewusst werde.
- Schreibe deinen Namen und den des Partners auf ein Haftetikett. Schneide das Etikett so durch, dass die Namen voneinander geschieden sind. Klebe die Haftetiketten einander gegenüber auf die Innenseite eines alten Glases. Fülle das Glas mit schwarzem Serviettenpapier. Gieße es mit Wasser auf. Friere das Glas ein und bitte darum, dass die beiden Menschen auf sichere und liebende Weise geschieden sein mögen.

- Schneide eine Zitrone zu drei Vierteln durch. Schreibe auf ein kleines Stück Papier den Namen der Person, die dich in Ruhe lassen soll. Falte das Papier neunmal. Lege es in den Spalt der Zitrone. Streue eine Mischung aus den folgenden Kräutern auf das Papier: Cayennepfeffer, Fingerkraut und Koriander (damit der Zauber schneller wirkt). Lade neun Nadeln. Verschließe den Spalt in der Zitrone mit den Nadeln. Vergrabe die Zitrone außerhalb deines Grundstücks.
- Mische in einer Blechdose oder einem Marmeladenglas zu gleichen Teilen Milch, Essig und Kaffeepulver. Schreibe auf ein Stück Papier den Namen der Person, die aus der Beziehung verschwinden soll. Schließe das Glas. Schüttle es einundzwanzigmal und stell dir dabei vor, wie die Person von deinem Leben auf sichere, nicht missbräuchliche Weise »abgeschüttelt« wird. Wiederhole die Prozedur so lange jeden Tag aufs Neue, bis die Person verschwindet. Vergrabe das Glas so, wie es ist, außerhalb deines Grundstücks.
- Wenn die Situation besonders schwierig wird, kannst du immer noch Folgendes an alle Bannzauber anhängen: »Weder Frieden noch Ruhe, noch Schlaf, bis du mich verlassen hast.«
- Fülle eine kleine Flasche mit einundzwanzig Stecknadeln, einundzwanzig Nähnadeln und den Namen der beiden betroffenen Menschen auf einem Stück Papier, das mit einer Nadel durchstochen wurde. Gieße eine Kappe voll Essig dazu. Verschließe die Flasche fest. Wirf sie in ein loderndes Feuer und stell dir vor, wie die Partnerschaft in dem Moment zerbricht, in dem die Flasche explodiert.

Vorsicht: Die Flasche wird explodieren und die Glassplitter werden rundum durch die Luft fliegen. Das ist KEIN Zauber für drinnen, das umherfliegende Glas könnte dich schneiden.

Toilettenzauber

Beginne diesen Zauber an einem Saturntag. Im Notfall geht auch ein anderer Tag, aber du musst dir schon an einem Saturntag alle Mühe geben, den Zauber zu beginnen. Danach ist er einfach.

Benötigte Materialien: Ein neuer Füller mit schwarzer Tinte, ein schwarzer Kugelschreiber oder Filzstift; Toilettenpapier.

Anleitung: Schreibe mit dem neuen Füller den vollen Namen deines unerwünschten Lovers auf ein Blatt Toilettenpapier, gefolgt von dem Wort ***VERSCHWINDE!*** in Großbuchstaben (mit Ausrufezeichen). Wirf das Blatt in das Wasser einer sauberen Toilette. Verrichte dein natürliches Bedürfnis, wegen dessen du das Klo eigentlich aufgesucht hast. Klapp den Deckel herunter und spüle. Schau nicht nach. Das musst du an zehn aufeinander folgenden Tagen jedes Mal, wenn du zur Toilette gehst, machen, und wenn es mitten in der Nacht ist. Das heißt, du musst jederzeit deinen Stift zur Hand haben, und du darfst ihn NIEMALS für das Aufschreiben von etwas anderem oder für einen anderen Zweck benutzen, sonst ist der Zauber gebrochen (von den Wirkungen, die das auf den anderen Zweck hätte, gar nicht zu reden). Wenn am zehnten Tag Mitternacht vorüber ist, wirfst du den Stift weg (die Tageslichtstunden des folgenden Tages sind in Ordnung). Nimm dafür keinen Abfalleimer in deinem Heim oder am Arbeitsplatz. Ein öffentlicher Abfallkorb außerhalb deiner Alltagsumgebung ist am besten.

Der Zauber hat zur Folge, dass der unerwünschte Geliebte abrupt verschwindet oder anfängt, sich lautstark darüber zu beschweren, dass die Beziehung nicht mehr befriedigend etc. sei und dass es für euch besser wäre, wenn jeder seiner eigenen Wege ginge. Er wird sich geneigt zeigen, aus eigenem Antrieb zu gehen. Sollte es zu einem solchen Gespräch kommen, so unterstütze das.

Warnung: Falls der unerwünschte Lover noch vor Beendigung des Zehn-Tages-Zaubers gehen oder Bemerkungen machen sollte, dass eine Trennung das Beste wäre, so HÖRE mit dem Zauber NICHT AUF. Sonst geht der Betreffende und kommt wieder zurück, ändert seine Meinung über die Trennung oder es werden dir andere mit der Beziehung verbundene Dinge zu einem späteren Zeitpunkt zu schaffen machen. Es ist wichtig, dass du die ganzen zehn Tage durchhältst.

Vorteile: Sauberer, als die Flasche einer Hexe. Vergraben oder eine andere Form der Entsorgung (mit Ausnahme des Wegwerfens des Stifts) ist nicht notwendig. Diskret und geheim.

Oh, du Betrüger

Affären entstehen, weil irgendwo die Bedürfnisse von irgendwem nicht erfüllt werden. Das ist ein alter Pow-Wow-Zauber, mit dem dafür gesorgt wurde, dass der herumstreunende Partner beschloss, es sei in seinem allerbesten Interesse, zweimal nachzudenken, bevor er erneut fremdging. Doch wir werden diesen Zauberspruch dazu benutzen, verletzte Gefühle aus deinem Leben zu verbannen.

Benötigte Materialien: Ein Gartengrill; Grillkohle; eine Unterhose, die der Betrügende getragen hat (noch besser ist es, wenn du auch eine von dem betreffenden Partner in die Finger kriegst); ein Gewürzglas roter Pfeffer; ¼ Tasse schwarzen Pfeffer; ⅛ Teelöffel Taubnesseln; Feuerzeugbenzin (sei vorsichtig); ein langes Streichholz zum Anzünden von offenem Feuer.

Anleitung: Stell den Grill an Dunkelmond draußen an einem sicheren Platz auf. Fülle ihn mit Holzkohle. Dreh die Innenseite der Unterhose nach außen. Schütte die Kräuter nacheinander auf den Zwickel der Hose. Gieße (vorsichtig) das Feuerzeugbenzin darüber. Tritt einen Schritt zurück. Sage:

Hekate, du Göttin der Nacht,
komm und hör, was Ärger mir macht.
Vor Wut, Hass und Pein und fast außer mir
steh ich nun krank und hilflos vor dir
mit Kräutern und Kohle passend zur Nacht.
Nimm bitte diesen Ärger von mir sacht.
Tilg die üblen Gefühle aus meinem Sinn
und bring zu mir die Liebe wieder hin.

Zünde die Holzkohle an und lass sie vollständig verbrennen.

Diese verzauberten »Boots Are Made For Walkin'«

Dieser Zauber funktioniert nur, wenn der unerwünschte Lover ein verletzender, böser oder negativer Mensch ist. Nachdem sich der unerwünschte Lover zur Nachtruhe begeben hat, legst du ein Briefchen Basilikum in die Schuhe, die er am nächsten Tag tragen wird. Basilikum stößt Negativität, das Böse und Schmerz ab. Durch den Kontakt des Basilikums mit dem Chakra-Zentrum auf der Fußsohle wird die betreffende Person nicht mehr an dem Ort bleiben wollen und die Symbolik der Schuhe oder Stiefel wird sie ermutigen, ihr Glück woanders zu suchen.

Oh, diese schrecklichen Leute!

Nichts ist ärgerlicher als sich der Einmischung der Schwiegermutter, konstanten Eingriffen der Exfrau (oder des Exmannes), kommandierenden Geschwistern oder dem erwachsenen Kind deines Partners ausgesetzt zu sehen, das meint, dass du nicht in dieses Heim gehörst. Mein Mann und ich lernten vor langer Zeit, dass der wichtigste Faktor in solchen Situationen eine geeinte Front ist. Das heißt, dass man mit dem Partner oder Ehemann gemeinsam einen Plan ausarbeitet. Konzentriert euch auf die Kommunikationen zwischen euch beiden, bevor ihr beginnt, an den Problemen zu arbeiten, die euer Heim umkreisen wie Haie die Beute. Wenn du umgekehrt gegenüber Außenstehenden wie eine Plaudertasche über eure Probleme und die Vorgänge in deinem Haushalt geredet hast, kannst du davon ausgehen, dass du Tratschereien, Anspielungen und andere Scheußlichkeiten mit aller Wucht zu spüren bekommen wirst. Jede Wette, es können mehr als nur ein oder zwei Gespräche mit deinem Partner notwendig sein, bis ihr euren Gefühlen Luft gemacht und euch auf einen gemeinsamen Standpunkt geeinigt habt. Das ist in Ordnung. Reden ist gut und räumt auf sanfte Weise Missverständnisse aus dem Weg, die nur wieder zu neuen Schwierigkeiten führen würden. Wenn ihr euch auf einen konkreten Aktionsplan geeinigt habt, kannst du eine der nachfolgenden Zauberideen anwenden. Beide haben in derartigen Umständen gut funktioniert und erfordern die Nutzung von aktiver Energie, die du über einen längeren Zeitraum hinweg beobachten kannst. Das hilft dir, daran zu denken, dass etwas getan wird.

Durch Feuer

Nimm sieben schwarze Sieben-Tage-Kerzen, die du ermächtigt hast, alle Negativität von dir wegzustoßen, und sieben blaue Sieben-Tage-Kerzen, die deine Liebe wahrhaft und treu halten sollen. Zünde so lange jede Woche eine schwarze und eine blaue Kerze an, bis die Sache bereinigt ist. Wenn die Person in dein Leben tief eingebunden ist, so geh davon aus, dass der Zauber erst nach einer Weile wirken wird. Füge zur schwarzen Kerze Bannkräuter und Liebes- sowie Schutzkräuter zur blauen Kerze hinzu. Wie die Kerzen wirken, kannst du anhand des Rußes feststellen, der sich auf dem Glas sammelt. Hier ist der Schlüssel – aber als Erstes musst du davon überzeugt sein, dass die Kerzen zu dir sprechen und dir die gesuchten Informationen geben werden.

Wenn die Kerze vollständig heruntergebrannt ist, völlig schwarz: Dein Werk kämpft gegen Negativität. Es gibt sehr viel Widerstand, möglicherweise von einer äußerst entschlossenen Person, aber höchstwahrscheinlich von mehreren Menschen, die in das Gespinst der Täuschung verstrickt sind. Denk an ein Gerücht, das aus dem Boden geschossen ist. Mach weiter.

Zu drei Vierteln schwarz, zu einem Viertel klar: Es gibt noch immer viel Opposition, höchstwahrscheinlich vonseiten einer Hand voll Personen. Du kommst jedoch ein Stück voran. Mach weiter.

Zur Hälfte schwarz und zur Hälfte klar: Die Sache wendet sich zu deinen Gunsten. Mach weiter.

Ein Viertel schwarz, der Rest klar: Obwohl der Widerstand machtvoll erscheint, hat er doch an Boden verloren. Die meisten betroffenen Personen haben sich anderem zugewandt. Mach weiter.

Leicht mit Ruß bedeckt: Kleinere Hindernisse ganz normaler Art. Zünde zur Sicherheit eine weitere Kerze an.

Ziemlich klar: Du hast dein Ziel erreicht.

Wenn das Glas zerbricht: Dein Zauber hatte viel Wucht und dein Wunsch wird sich schnell manifestieren.

Wenn das Glas mehrere Tage lang klar gebrannt hat und dann schwarz zu werden beginnt: Jemand hat einen neuen Angriff (zumeist Tratsch) gestartet. Arbeite entsprechend.

Anmerkung: Wenn du zu einer Sieben-Tage-Kerze Öle oder Kräuter dazugegeben hast, sei dir bitte darüber klar, dass das Glas während des Brennvorgangs zerspringen kann, gewöhnlich dann, wenn die Flamme nah am Boden des Glases angelangt ist. Triff dagegen Vorkehrungen, indem du die Kerzen in einen Topf oder in die Küchenspüle stellst, vor allem wenn du sie nicht im Blick hast. Ich selbst habe erlebt, wie Kerzen explodierten und Glas und Feuer quer durchs ganze Zimmer verstreuten.

Durch Wasser

Hübsche Zimmerbrunnen gibt es von zehn Euro (in Diskountläden) aufwärts bis zu teureren Ausfertigungen mit Luftbefeuchter in Spezialgeschäften zu kaufen. Viele Drogeriemärkte bieten ebenfalls Springbrunnen mit einer Auswahl an glatten Steinen im preislichen Spektrum von fünfzehn bis dreißig Euro an. Die herausnehmbaren kleinen Steine kann man durch ermächtigte Edelsteine und Steine ersetzen. Du kannst aber auch selbst Steine an deinem bevorzugten magischen Ort sammeln und auf den Boden des Zimmerbrunnens legen.

Lege den Namen des Übeltäters unter den Brunnen. Folge der Gebrauchsanleitung und fülle den Springbrunnen mit Wasser. Ermächtige das Wasser und den Brunnen, dass sie jedewede Negativität, die auf dich zukommt, wegspülen und wegtragen. Du kannst auch ein geladenes, zur Hälfte mit Wasser gefülltes Stielglas an die Eingangstür stellen. Wenn die unerwünschte Person dann an deine Tür kommt oder jemand anderen zu dir schickt, zieht das Wasser die Negativität zu einem abgesperrten Raum (in das Glas). Schütte das Wasser einmal wöchentlich weg und ersetze es oder entsorge es sofort nach dem Besuch dieser Person.

Liebe reinigende Zeremonie nach einer Scheidung

Nichts ist schwerer durchzustehen als eine Scheidung oder der Tod eines geliebten Menschen. Diese Liebe reinigende Zeremonie eignet sich für jede Situation, in der du die negativen Energien der Trauer verbannen willst, die sich in deiner näheren Umgebung angesammelt haben. Für den Zauber wird ein Gegenstand irgendwo unter der Prämisse hingestellt, die neuen Liebesenergien festzuhalten, die du hergerufen hast. Du kannst mit dieser Prozedur auch ein spezielles Zimmer im Haus verzaubern (beispielsweise dein Schlafzimmer) oder aus einem von der Familie gemeinsam genutzten Raum alle Negativität (die sich auf natürliche Weise im Laufe der Zeit ansammelt) verbannen. Manche Zauberer verwenden für diesen Zauber Statuen oder hängen Bilder auf, man kann aber auch ein ganz normales Schmuckstück oder einen anderen Gegenstand nehmen, etwa die CD-Hülle in diesem Zauber, um die Liebesenergie im persönlichen Umfeld zu sichern.

Benötigte Materialien: Dein bevorzugtes Liebes-Räucherwerk; eine silberne Glocke; ein Bild, das für dich Liebe bedeutet und das in die Hülle passt (du kannst sogar den Umschlag dieses Buches kopieren, wenn du willst, oder den Umschlag deines bevorzugten Liebesromans nehmen); eine noch nicht benutzte CD-Hülle; ein kleines viereckiges Stück roter Flanell oder Filz, das in die Hülle passt (optional); einige Liebeskräuter deiner Wahl (optional); Liebesöl oder -parfum (optional); eine kleine weiße Feder; eine Trommel oder ein anderes Schlaginstrument.

Anleitung: Reinige das Zimmer real und magisch. Ziehe einen magischen Kreis. Lade alle Utensilien, die bei dem Zauber zum Einsatz kommen. Zünde das Räucherwerk an und ziehe alle Zaubergegenstände durch den Rauch, sage dazu:

Hinter mir lassen will ich Hass und Pein,
oh Geist, wasch meine Seele wieder rein.
Wut, Kummer und seelischer Schrott verschwinden,
stattdessen werd ich die Liebe wiederfinden.
(Läute dreimal die Glocke.)
Komm herbei, Energie der Liebe, du süße,
auf den Elfenbeinschwingen der Taube grüße.
Zum schirmenden Dach des Waldes wird das Zimmer,
und der Rhythmus hüllt unsre Herzen
in deinen Schimmer.

Läute die silberne Glocke viermal, und zwar einmal in jede Himmelsrichtung. Lege das Liebesbild so in die CD-Hülle, dass es von außen durch die geschlossene Hülle zu sehen ist. Zeichne auf die Rückseite des Bildes von außen beginnend die heilige Spirale (da ja Liebe in die Umgebung hineingezogen werden soll). Lege den roten Filz in die CD-Hülle. Bestreue ihn mit der Kräutermischung oder beträufle ihn mit ein wenig Liebesöl oder -parfum (wenn du möchtest). Lege die weiße Feder auf den roten Flanell oder Filz. Halte die Hände über die offene CD-Hülle und wiederhole die obige Zauberformel. Läute die silberne Glocke dreimal als Zeichen einer einsetzenden Pause. Schließe die CD-Hülle und halte die Hände darüber; sprich die Zauberformel ein drittes Mal. Läute einmal die Glocke, um die Zauberformel in Gang zu setzen.

Im letzten Teil des Zaubers musst du mit Hilfe des Schlaginstruments die universale Liebesenergie in dein Leben und Heim ziehen. Spiele, so lange du möchtest, auf dem Instrument (oder bis deine Hände müde werden) und konzentriere dich dabei darauf, Liebe in dein Haus zu ziehen und dort festzuhalten. Wenn du geendet hast, läutest du die Glocke dreimal als Zeichen, dass die kleine Liebeszeremonie zu Ende ist, und hebst den Kreis auf. Platziere die CD-Hülle so nah wie möglich in der Mitte des Zimmers, wo sie deiner Meinung nach sicher ist. Falls das nicht möglich ist, suche einen anderen Platz, an dem die Hülle deiner Meinung nach sicher aufgehoben sein wird.

Heilige Spirale

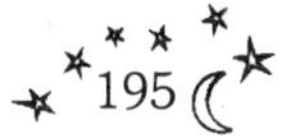

Allgemeines Ritual zum Loslassen

Wenn du noch immer an einer negativen Situation aus deiner Vergangenheit hängst (sei es nun eine sexuelle Beziehung oder eine Freundschaft, die in die Brüche gegangen ist), kannst du ein Loslass-Ritual durchführen, bevor du neue Liebe zu manifestieren beginnst. Das ist nichts Böses – es ist ein ganz natürlicher Teil des Bindungsprozesses. Du kannst mit diesem Zauber aber auch jemanden aus deinem Leben werfen. Am Ende einer Beziehung vergessen wir häufig, diese kleinen Energieträger zu entfernen.

Benötigte Materialien: 2 weiße Kerzen; ein 32,5 Zentimeter langes rotes Band (oder schwarzes, wenn jemand entfernt werden soll); ein Foto von dir und ein Foto von der Person, die du gerne loslassen möchtest (wenn du dich bereits aller Fotos entledigt hast, tut es auch der Name); falls du Engelwurz und Lavendel zur Hand hast, kannst du diese Kräuter bei dem Zauber einsetzen. Falls nicht, musst du deshalb nicht ins Schwitzen kommen. Und du brauchst noch eine Schere.

Anleitung: Binde das eine Ende des Bandes an die eine weiße Kerze. Gib der Kerze den Namen der anderen Person. Binde das andere Ende an die zweite Kerze. Gib dieser Kerze deinen Namen. Stell die Kerzen nebeneinander. Trenne sie langsam voneinander, bis das Band gespannt ist. Lege dein Foto unter die nach dir benannte Kerze und das Foto des anderen unter die zweite Kerze. Falls du Engelwurz und Lavendel hast, streue die Kräuter rund um die Basis der beiden Kerzen.

Nimm ein Kräuterbad oder eine Kräuterdusche, um dich von allen negativen Gedanken zu reinigen, die du vielleicht hattest, als du den Bereich für den Zauber vorbereitet hast. Reinige mit einer

Sprühflasche, die mit Kräuter-Liebeswasser gefüllt ist, die unmittelbare Umgebung. Wenn du Erfahrung mit Zauberei hast, kannst du auch dein eigenes Rezept für geweihtes Wasser nehmen.

Halte die Hände über die beiden Kerzen und bitte darum, dass die universale Liebe die Zeremonie beherrschen möge. Zünde deine Kerze an und sage dabei laut deinen Namen. Beim Anzünden der zweiten Kerze sprichst du laut den Namen der anderen Personen aus. Sage mit (nicht allzu nahe) zu den Kerzenflammen gedrehten Handflächen Folgendes:

Große Muttergöttin,
ich suche die Macht deiner Weisheit
und habe in deinem Namen
einen heiligen Bezirk geschaffen.
Möge ich in deinen sanften heiligen Armen verweilen.
Gib mir Zuversicht, segne meine
alltäglichen Pflichten und hilf mir,
mir selbst wie anderen gegenüber wahrhaftig zu sein.
Ich wende mich heute (Abend) an dich,
um die Macht der Liebe und der Vergebung zu erlangen.
Erlaube mir, alle negativen und schmerzlichen
Gedanken wegzuzaubern.
Schenke mir deine heilende Energie.

Mache drei tiefe reinigende Atemzüge. Du kannst auch mit Hilfe einer Rassel Kraft aufbauen. Lass zu, dass du die Große Mutter um dich herum spürst. Keine Angst, sie beißt nicht und wird dir nichts Schlimmes tun. Die Göttin ist die Liebe.

Nimm mit beiden Hände die Schere und deute damit auf deine Kerze. Sage deinen Namen. Deute auf die zweite Kerze. Sage den Namen des Betreffenden. Sage dann:

Große Muttergöttin, wenn ich dieses Band durchschneide,
werden alle emotionalen, spirituellen
und astralen Bande zwischen mir und
***(nenne den Namen der Person)* zerschnitten sein.**
Ich zerschneide die Bande in Liebe,
in Frieden und Versöhnlichkeit.
So sei es.

Durchtrenne das Band.

Lass die Kerzen vollständig herunterbrennen. Vergrabe deine Kerze auf deinem Grundstück und entsorge die andere Kerze außerhalb deines Grund und Bodens. Hebe dein Foto auf. Verbrenne das andere und verstreue die Asche im Wind (und auch die Kräuter oder Pulver, die du benutzt hast) außerhalb deines Besitzes.

Anmerkung: Es kann sein, dass du während des Rituals weinen musst. Das ist vollkommen in Ordnung, du musst diese Gefühle herauslassen und dein Gefühl des Unglücklichseins endgültig loswerden. Halte für den Fall Taschentücher bereit.

Epilog

Doch denk ich • teurer freund • an dich dieweil •
Sind sorgen ferne und verluste heil.

William Shakespeare, *Sonett Nr. 30*
(in der Übertragung von Stefan George)

Ach, ich merke gerade, die Sonne geht unter und die wenig leidenschaftliche Stunde des violetten Nebels und flackernden Kerzenlichts ist angebrochen. Mein Glas Eistee ist leer, und mein Fächer hat keinen Grund, in der parfümierten Luft zu schwingen oder die dunklen Locken meines Haares von meiner kühl werdenden Braue zu wedeln. Ich fühle mich in der sanften Umarmung dieses Sommerabends sehr wohl. Ich lehne mich zurück, lasse meinen Kopf einen Augenblick ausruhen und lausche dem Einbruch der Nacht.

»Da hast du's«, sage ich. »Ein vollständiges Kompendium an Volkszauber, das du im Namen dieser schwer fassbaren, zu Kopf steigenden Sehnsucht, die wir Liebe nennen, gesammelt hast.« Mein Hand streckt sich anmutig aus (he, das ist eine Visualisierung), denn ich habe wirklich alles zusammengetragen, was es da zu verstehen gibt, und für dich in ein hübsches kleines Buch gepackt (aber natürlich ist das gar nicht möglich, denn die Liebe hat viel Größere als mich in Verwirrung gebracht und die Antworten des Lebens kann man nicht in einem einzelnen Band von irgendetwas finden).

»Du hast auch (das hoffe ich wenigstens) gelernt, dass die Liebe keine Kleinigkeit ist und dass man Mut, Ausdauer und Weisheit braucht, um jedwede Beziehung zum Funktionieren zu bringen. Und wenn sie nicht funktioniert? So braucht man Mut, Ausdauer und Weisheit, um wegzugehen und zu erkennen, dass die Liebe dann an einem anderen Tag kommen wird.« Damit stehe ich auf und gehe zur Verandabrüstung, und mein Herz ist gefesselt vom Aufgang des Vollmonds, so zart und doch pochend von roher Energie.

»Nimm deine Hoffnungen, deine Träume und deinen Zauber und mach es, so gut du kannst«, sage ich. »Das ist alles, was wir unser Eigen zu nennen erhoffen können. Wenn wir aus diesem Leben scheiden, nehmen wir nichts außer unseren Erinnerungen und unseren Taten mit.« Dann wende ich mich dir zu und lege meine Hand auf deine Schulter und tausche mit dir einen verruchten Blick. »Ich muss dich nun deinen eigenen Tricks überlassen. Versuche, dich nicht allzu sehr in Schwierigkeiten zu bringen ... hmmm?«

Alles Gute für dich,

Silver Raven Wolf

ANHÄNGE

Verwende die Anhänge, wenn du etwas austauschen oder ersetzen musst, oder dazu, dir eigene Zaubersprüche auszudenken. Denk daran, Zaubersprüche sind wie Rezepte, deshalb ist es zulässig, sie um eine spezielle Zutat zu erweitern, durch die die Zauberformeln zu deinen eigenen werden. Manche Zauberer haben einen Signaturtag, ein astrologisches Zeichen oder eine Pflanze, mit deren Hilfe sie die Zauberarbeit auf ihre eigene Energie abstimmen. Auch du kannst diese Technik ausprobieren!

Anhang 1: Pflanzentafeln

Allgemein korrespondierende Pflanzen für Liebe und Freundschaft

Apfelblüte
Basilikum
Flieder
Gardenie
Gartenwicke
Gewürznelke
Iris
Jasmin
Lavendel
Narzisse
Rose

Korrespondierende Pflanzen, um für einen Mann attraktiv zu sein

Ambra
Gardenie
Gewürznelke
Ingwer
Jasmin
Kürbis
Lavendel
Moschus
Neroli
Tonka-Bohne
Zimt

Korrespondierende Pflanzen, um für eine Frau attraktiv zu sein

Gurke
Lorbeer
Moschus
Patschuli
Vanille
Veilchen
Vetivert
Zibet

Anhang 2:
Magische Wochentage für die Liebe

Tag	**Bedeutung**
Sonntag	Erfolg
Montag	Familiäre Liebe und Fürsorge
Dienstag	Leidenschaft, Lust, Selbstvertrauen
Mittwoch	Kommunikation mit anderen
Donnerstag	Expansion in der Liebe
Freitag	Tag für alle Arten von Liebe
Samstag	Bannung von Negativität oder Schaffung von Stabilität

Anhang 3: Farben der Wochentage

Tag	Bedeutung
Sonntag	Gold oder Gelb
Montag	Silber oder Weiß
Dienstag	Rot oder Orange
Mittwoch	Violett oder Lavendel
Donnerstag	Grün
Freitag	Blau oder Pink
Samstag	Schwarz oder Braun

Anhang 4:
Astrologische Liebessymbole

Ritze sie in Kerzen oder zeichne sie auf Papier.

Tierkreisname	**Glyphe, Element, Charakter**	**Bedeutung**
Widder	♈, Feuer, Anfänge	Für Mut und Selbstbewusstsein
Stier	♉, Erde, Festigkeit	Zur Verschönerung des Heims
Zwillinge	♊, Luft, Veränderlichkeit	Schaffung anderer Kommunikation
Krebs	♋, Wasser, Anfänge	Für die Arbeit an Emotionen
Löwe	♌, Feuer, Festigkeit	Sich von der besten Seite zeigen
Jungfrau	♍, Erde, Veränderlichkeit	Für eine durchdachte Planung
Waage	♎, Luft, Anfänge	Für eigene Schönheit und Talente
Skorpion	♏, Wasser, Festigkeit	Für stärkere/geweckte Leidenschaft
Schütze	♐, Feuer, Veränderlichkeit	Für spirituelle Liebe und Stimmung
Steinbock	♑, Erde, Anfänge	Bringt Stabilität und Vorsicht
Wassermann	♒, Luft, Festigkeit	Für humanitäre Unterfangen
Fische	♓, Wasser, veränderlich	Für geistigen Kontakt und Visionen

Anhang 5: Die Planetenstunden[1]

Die Wahl einer Erfolg versprechenden Zeit für den Beginn eines Zaubers ist eine wichtige Angelegenheit. Wenn eine Sache einmal in Gang gesetzt ist, existiert sie unter den Bedingungen und Umständen weiter, unter denen sie begonnen wurde.

Jede Stunde des Tages wird von einem Planeten regiert und übernimmt folglich die Attribute des betreffenden Planeten. Dir wird auffallen, dass bei den Planetenstunden Uranus, Neptun und Pluto fehlen. Das liegt daran, dass sie als höhere Oktaven von Merkur, Venus beziehungsweise Mars betrachtet werden. Wenn zum Beispiel etwas von Uranus beherrscht wird, kannst du die Stunde Merkurs nehmen.

Der einzige andere Faktor, über den du für die Verwendung der Planetenstunden Bescheid wissen musst, ist der Zeitpunkt des Sonnenauf- und -untergangs an deinem Wohnort an dem von dir ausgewählten Tag. Den wiederum kannst du deiner örtlichen Tageszeitung entnehmen.

Schritt eins. Informiere dich in deiner örtlichen Zeitung darüber, wann an dem von dir gewählten Tag die Sonne auf- und

---

1 Die Informationen zu den Planetenstunden sind in gekürzter Form entnommen aus: *Llewellyn's 2000 Daily Planetary Guide*, S. 184 f. Sie sind auch in den verschiedensten Büchern zur Astrologie enthalten.

untergeht. Wir nehmen den 2. Januar 1999 und den 10. Breitengrad als Beispiel. Der Sonnenaufgang am 2. Januar 1999 auf dem 10. Breitengrad ist bei 6 Stunden und 16 Minuten (oder 6.16 Uhr), Sonnenuntergang ist bei 17 Stunden und 49 Minuten (oder 17.49 Uhr).

Schritt zwei. Subtrahiere den Zeitpunkt des Sonnenaufgangs (6 Stunden 16 Minuten) von dem des Sonnenuntergangs (17 Stunden 49 Minuten), um die Zahl der astrologischen Tagstunden zu erhalten. Das geht einfacher, wenn du die Stunden in Minuten umrechnest. Zum Beispiel ergeben 6 Stunden und 16 Minuten 376 Minuten. 17 Stunden und 49 Minuten sind 1069 Minuten. Jetzt führst du die Subtraktion durch: 1069 Minuten minus 376 Minuten ergibt 693 Minuten.

Schritt drei. Als Nächstes solltest du festlegen, wie viele Minuten an dem betreffenden Tag eine Tag-Planetenstunde hat. Dafür teilst du 693 Minuten (die Anzahl der Tag-Minuten) durch 12. Das ergibt 58, aufgerundet. Folglich hat eine Tag-Planetenstunde am 2. Januar 1999 auf dem 10. Breitengrad 58 Minuten.

Schritt vier. Nun weißt du, dass jede Tag-Planetenstunde rund 58 Minuten umfasst. Du weißt außerdem aus Schritt eins, dass die Sonne um 6.16 Uhr aufgeht. Um herauszufinden, wann jede Planetenstunde beginnt, musst du jetzt einfach für die erste Planetenstunde zum Zeitpunkt des Sonnenaufgangs 58 Minuten hinzurechnen, dann wieder 58 Minuten für die zweite Planetenstunde usw. Folglich geht die erste Stunde in unserem Beispiel von 6.16 Uhr bis 7.14 Uhr; die zweite von 7.14 Uhr bis 8.12 Uhr usw. Beachte, dass die letzte Stunde nicht exakt bei Sonnenuntergang endet, da wir ja die Minuten aufgerundet haben.

Schritt fünf. Um nun herauszufinden, welches Zeichen welche Tag-Planetenstunde regiert, schaust du in deinem Kalender nach, auf welchen Wochentag der 2. Januar fällt. Du wirst feststellen, dass das im Jahre 1999 ein Samstag war. Als Nächstes wendest du dich der folgenden Tabelle mit den Sonnenaufgangs-Planetenstunden zu. Wenn du dir die Spalte für Samstag vornimmst, siehst du, dass die erste Stunde von Saturn regiert wird, die zweite von Jupiter, die dritte von Mars usw.

Schritt sechs. Nun hast du die Tag-(Sonnenaufgangs-)Planetenstunden bestimmt. Mit demselben Rechengang kannst du auch die Nacht-(Sonnenuntergangs-)Planetenstunden berechnen, wobei du den Sonnenuntergang als Ausgangszeitpunkt nimmst und den Sonnenaufgang am nächsten Morgen als Endzeitpunkt. Wenn du zu Schritt 5 gelangst, denke daran, statt der Sonnenaufgangs-Tabelle die Sonnenuntergangs-Tabelle zu Rate zu ziehen.

Planetenstunden
Sonnenaufgang

Stunde	Sonntag	Montag	Dienstag	Mittwoch	Donnerstag	Freitag	Samstag
1	Sonne	Mond	Mars	Merkur	Jupiter	Venus	Saturn
2	Venus	Saturn	Sonne	Mond	Mars	Merkur	Jupiter
3	Merkur	Jupiter	Venus	Saturn	Sonne	Mond	Mars
4	Mond	Mars	Merkur	Jupiter	Venus	Saturn	Sonne
5	Saturn	Sonne	Mond	Mars	Merkur	Jupiter	Venus
6	Jupiter	Venus	Saturn	Sonne	Mond	Mars	Merkur
7	Mars	Merkur	Jupiter	Venus	Saturn	Sonne	Mond
8	Sonne	Mond	Mars	Merkur	Jupiter	Venus	Saturn
9	Venus	Saturn	Sonne	Mond	Mars	Merkur	Jupiter
10	Merkur	Jupiter	Venus	Saturn	Sonne	Mond	Mars
11	Mond	Mars	Merkur	Jupiter	Venus	Saturn	Sonne
12	Saturn	Sonne	Mond	Mars	Merkur	Jupiter	Venus

Planetenstunden
Sonnenuntergang

Stunde	Sonntag	Montag	Dienstag	Mittwoch	Donnerstag	Freitag	Samstag
1	Jupiter	Venus	Saturn	Sonne	Mond	Mars	Merkur
2	Mars	Merkur	Jupiter	Venus	Saturn	Sonne	Mond
3	Sonne	Mond	Mars	Merkur	Jupiter	Venus	Saturn
4	Venus	Saturn	Sonne	Mond	Mars	Merkur	Jupiter
5	Merkur	Jupiter	Venus	Saturn	Sonne	Mond	Mars
6	Mond	Mars	Merkur	Jupiter	Venus	Saturn	Sonne
7	Saturn	Sonne	Mond	Mars	Merkur	Jupiter	Venus
8	Jupiter	Venus	Saturn	Sonne	Mond	Mars	Merkur
9	Mars	Merkur	Jupiter	Venus	Saturn	Sonne	Mond
10	Sonne	Mond	Mars	Merkur	Jupiter	Venus	Saturn
11	Venus	Saturn	Sonne	Mond	Mars	Merkur	Jupiter
12	Merkur	Jupiter	Venus	Saturn	Sonne	Mond	Mars

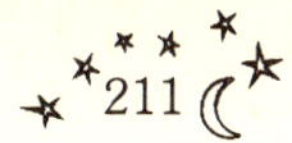

Anhang 6: Mondphasen

Neumond

- Der Mond befindet sich 0–45 Grad vor der Sonne
- Der Mond geht am Morgen auf und bei Sonnenuntergang unter; zur vollen Ausschöpfung dieser Energien sollte man sich an diesen Zeitraum halten
- Diese Mondphase gilt von genau Neumond bis dreieinhalb Tage danach
- Zweck: Neuanfänge
- Wirkungsbereiche: Schönheit, Gesundheit, Selbstverbesserung, Landwirtschaft und Garten, Jobsuche, Liebe und Affären, Netzwerke, kreative Unternehmungen
- Heidnischer Festtag: Wintersonnenwende (22. Dezember)[1]
- Göttinnenname: Rosemertas Mond
- Göttinnenenergie: Göttinnen des Wachstums
- Opfergaben: Milch und Honig
- Thema: Überfluss
- Rune: Feoh für Überfluss; Cen für Öffnungen; Gyfu für Liebe
- Tarot-Trumpf: Der Narr

1 Aufgrund der astrologischen Zeiteinteilung fallen die Sonnenwenden und Tagundnachtgleichen nicht immer auf den gleichen Tag. Andere heidnische Festtage unterscheiden sich je nach der praktizierten Tradition.

Zunehmende Sichel

- Der Mond befindet sich 45–90 Grad vor der Sonne
- Der Mond steigt am Vormittag und geht nach Sonnenuntergang unter; zur vollen Ausschöpfung dieser Energien sollte man in diesem Zeitraum arbeiten
- Zunehmende Sichel ist dreieinhalb bis sieben Tage nach Neumond
- Zweck: Die Bewegung der Dinge
- Wirkungsbereiche: Tiere, Geschäft, Veränderung, Emotionen, matriarchalische Stärke
- Heidnischer Feiertag: Imbolc (2. Februar)
- Göttinnenname: Brigids Mond
- Göttinnenenergie: Wassergöttinnen
- Opfergaben: Kerzen
- Thema: Manifestation
- Rune: Birca für Neuanfänge; Ing für Fokus
- Tarot-Trumpf: Der Magier

Erstes Viertel

- Der Mond befindet sich 90–135 Grad vor der Sonne
- Der Mond geht am Mittag auf und um Mitternacht unter; zur vollen Ausschöpfung dieser Energien sollte man in diesem Zeitraum bleiben
- Erstes Viertel ist sieben bis zehneinhalb Tage nach Neumond
- Zweck: Die Form der Sache
- Wirkungsbereiche: Mut, Elementezauber, Freunde, Glück und Motivation
- Heidnischer Feiertag: Frühlings-Tagundnachtgleiche (21. März)
- Göttinnenname: Persephones Mond

- Göttinnenenergie: Luftgöttinnen
- Opfergaben: Federn
- Thema: Glück
- Rune: Algiz für Glück; Jera für Verbesserung; Ur für Stärke
- Tarotkarte: Die Stärke oder Der Stern

Zunehmende Rundung

- Der Mond befindet sich 135–180 Grad vor der Sonne
- Der Mond steigt um die Mitte des Nachmittags und geht gegen drei Uhr morgens unter; zur vollen Ausschöpfung dieser Energien sollte man in diesem Zeitraum bleiben
- Diese Mondphase ist zwischen zehneinhalb und vierzehn Tagen nach Neumond
- Zweck: Details
- Wirkungsbereiche: Mut, Geduld, Frieden, Harmonie
- Heidnischer Feiertag: Beltaine (1. Mai)
- Göttinnenname: Nuits Mond
- Göttinnenenergie: Sternengöttinnen
- Opfergaben: Bänder
- Thema: Perfektion
- Rune: Asa für Beredsamkeit; Wyn für Erfolg; Dag für Erleuchtung
- Tarot-Trumpf: Die Welt

Vollmond

- Der Mond befindet sich 180–225 Grad vor der Sonne
- Der Mond geht bei Sonnenuntergang auf und in der Morgendämmerung unter; zur vollen Ausschöpfung dieser Energien sollte man in diesem Zeitraum bleiben

- Vollmond ist vierzehn bis siebzehneinhalb Tage nach Neumond
- Zweck: Vollendung eines Projekts
- Wirkungsbereiche: Künstlerische Bestrebungen, Schönheit, Gesundheit, Fitness, Veränderung, Entscheidungen, Kinder, Wettbewerb, Träume, Familie, Wissen, juristische Angelegenheiten, Liebe, Affären, Geld, Motivation, Schutz, psychische Kraft, Selbstverbesserung
- Heidnischer Feiertag: Sommer-Sonnenwende (21. Juni)
- Göttinnenname: Sechmets Mond
- Göttinnenenergie: Feuergöttinnen
- Opfergaben: Blumen
- Thema: Macht
- Rune: Sol
- Tarotkarte: Die Sonne

Abnehmende Rundung

- Der Mond befindet sich 225–270 Grad vor der Sonne
- Der Mond geht zur Abendmitte auf und am Vormittag unter; zur vollen Ausschöpfung dieser Energien sollte man in diesem Zeitraum bleiben
- Diese Mondphase ist dreieinhalb bis sieben Tage nach Vollmond
- Zweck: Schöpferische Zerstörung
- Wirkungsbereiche: Sucht, Entscheidungen, Scheidung, Emotionen, Stress, Schutz
- Heidnischer Feiertag: Lammas (1. August)
- Göttinnenname: Hekates Mond
- Göttinnenenergie: Erdgöttinnen
- Opfergaben: Getreide oder Reis

- Thema: Neubewertung
- Rune: Thorn für Zerstörung; Algiz für Schutz; Thorn für Abwehr
- Tarot-Trumpf: Die Zerstörung/Der Turm von Babylon; Die Hoffnung auf Schutz

Letztes Viertel

- Der Mond befindet sich 270–315 Grad vor der Sonne
- Der Mond geht um Mitternacht auf und mittags unter; zur vollen Ausschöpfung dieser Energien sollte man in diesem Zeitraum bleiben
- Diese Mondphase ist sieben bis zehneinhalb Tage nach Vollmond
- Zweck: Völlige Zerstörung
- Wirkungsbereiche: Süchte, Scheidung, Ende, Gesundheit und Heilung (bannend), Stress, Schutz, Ahnen
- Heidnischer Feiertag: Herbst-Tagundnachtgleiche (21. September)
- Göttinnenname: Morrigans Mond
- Göttinnenenergie: Erntegöttinnen
- Opfergaben: Räucherwerk
- Thema: Bannung
- Rune: Hagal; Ken für Bannen; Nyd für Umwenden; Isa für Binden
- Tarot-Trumpf: Das Gericht

Abnehmende Sichel oder Dunkelmond

- Der Mond befindet sich 315–360 Grad vor der Sonne
- Der Mond geht um drei Uhr morgens auf und zur Mitte des

Nachmittags unter; zur vollen Ausschöpfung dieser Energien sollte man in diesem Zeitraum bleiben

- Dunkelmond ist zehneinhalb bis vierzehn Tage nach Vollmond
- Zweck: Ruhe
- Wirkungsbereiche: Süchte, Veränderung, Scheidung, Feinde, Gerechtigkeit, Hindernisse, Streitigkeiten, Entfernung, Trennung, zum Aufhalten von Dieben und Gaunern
- Heidnischer Feiertag: Samhain (31. Oktober)
- Göttinnenname: Kalis Mond
- Göttinnenenergie: Göttinnen der Finsternis
- Opfergaben: Aufrichtigkeit
- Thema: Gerechtigkeit
- Rune: Tyr für Gerechtigkeit; Ken für Bannen
- Tarot-Trumpf: Die Gerechtigkeit

Bibliographie

Beyerl, Paul: *A Compendium of Herbal Magick*. Custer, Wash.: Phoenix Publishing, Inc., 1998.

Bell, Jessie Wicker: *The Grimoire of Lady Sheba – The Magick Workbook of America's Witch Queen*. Minneapolis, Minn.: Llewellyn Worldwide, 1972.

Carr-Gomm, Philip und Stephanie: *The Druid Animal Oracle – Working with the Sacred Animals of the Druid Tradition*. New York, N. Y.: Fireside, Simon & Schuster, Inc., Eddison Sadd Edition, 1994. (Dt.: *Das keltische Tierorakel*. Braunschweig, Aurum Verlag, 1998.)

Charles, C. Leslie: *Why Is Everyone So Cranky?* New York, N. Y.: Hyperion, 1999.

Cunningham, Scott: *Cunningham's Encyclopedia of Magical Herbs*. St. Paul, Minn.: Llewellyn, 1992.

Devereux, Charla: *The Aroma-Therapy Kit*. King's Cross Road, London: Eddison Sadd, 1993.

Dixon Kennedy, Mike: *Celtic Myth & Legend, An A–Z of People and Places*. London: Blandford Publishing, 1996.

Ferguson, Bill: *How To Heal a Painful Relationship, and if Necessary How to Part as Friends*. Houston, Tex.: Return to the Heart, 1999.

Ferrini, Paul: *Love Without Condition*. South Deerfield, Mass.: Heartways Press, 1994.

Fischer-Rizzi, Susanne: *Medicine of the Earth – Legends, Recipes, Remedies, and Cultivation of Healing Plans*. Portland, Ore.: Rudra Press, 1996 (Dt.: *Medizin der Erde*. München: H. Hugendubel, 1997.)

Gray, John Ph. D.: *Men are from Mars, Women are from Venus*. New York, N. Y.: HarperCollins Publishers, 1992. (Dt.: *Männer sind anders. Frauen auch. Männer sind vom Mars, Frauen von der Venus*. München: Goldmann, 1998.)

Herrera, J. E.: *Hexology: The Art and Meaning of the Pennsylvania Dutch Hex Signs.* Gettysburg, Pa.: The Triangle Printing Company, 1964.

Hutton, Ronald: *The Rise and Fall of Merry England – The Ritual Year 1400–1700.* Oxford, N. Y.: Oxford University Press, 1996.

Ders.: *The Stations of the Sun.* Oxford, N. Y.: Oxford University Press, 1996.

Jones, Allison: *Larousse Dictionary of World Folklore.* Edinborough: Larousse, 1995.

Leach, Maria (Hg.): *Funk & Wagnall's Standard Dictionary of Folklore, Mythology, and Legend.* San Francisco: Harper San Francisco, 1972.

Martin, Laura: *Garden Flower Folklore.* Chester, Conn.: The Globe Pequot Press, 1987.

Mauer, Walt: *Hex Signs and Their Meanings.* Gettysburg, Pa.: Garden Spots Gifts, 1996.

Mercatante, Anthony S.: *Facts on File Encyclopedia of World Mythology and Legend.* New York: Oxford, 1988.

Moran, Victoria: *Creating a Charmed Life.* New York, N. Y.: HarperCollins PublischersMoss, 1999.

Richard, M. D.: *The Second Miracle – Intimacy, Spirituality, and Conscious Relationships.* Berkeley, Calif.: Celestial Arts Publications, 1995.

Rankin, Howard J., Ph. D.: *10 Steps to a Great Relationship.* Hilton Head Island, S. C.: StepWise, 1998.

Reppert, Bertha: *Herbs and Pennsylvania Germans, Recipes, Customs, Gardens, Lore Scrapbook #5.* Lancaster, Pa.: np. Januar 1999.

Smith, Elmer L.: *Pennsylvania Dutch Folklore.* Lebanon, Pa.: Applied Arts Publishers, 1962.

Townsend, John: *What Women Want – What Men Want.* Oxford, N. Y.: Oxford University Press, 1998.

Walker, Barbara: *The Women's Dictionary of Symbols and Sacred Objects.* San Francisco: HarperCollins, 1988. (Dt.: *Die geheimen Symbole der Frauen. Lexikon der weiblichen Spiritualität.* München: H. Hugendubel, 1997.)

Dies.: *The Women's Encyclopedia of Myths and Secrets.* San Francisco: Harper SanFrancisco, 1983. (Dt.: *Das geheime Wissen der Frauen. Ein Lexikon.* München: dtv, 5. Aufl. 2000.)

Register

Abendmahl der Liebe 64 ff.
Abwenden negativer Energien 189 ff.
Adonis 94
Alkohol 131
All You Need Is Love 91 ff.
Allzweck-Liebespulver 44
Alphabetzauber 173 ff.
Alraune 116
Ambra 202
Amethyst 80, 123
Äpfel 65, 72, 103, 154 f.
Apfelblüte 202
Apfelsaft 65
Apfelzauber 154 f.
Aphrodite 43, 94, 120
Aphrodites Räucherwerk 41
Aprikosen 30 f., 65
Astern 42
Astrologie 169 f.
Athmane 65
Attraktivitätszauber 160 ff.
Aufrichtigkeit des/der Geliebten 168 f.
Augentrost 162, 168 f.
Aura für die Liebe programmieren 112
Avocado 43

Baby, magisches 157 ff.
Backpulver 88, 152 f.
Bad 112, 152 f.
Bankkonto abräumen, unerwünschtes 150 ff.
Basilikum 47, 115, 142, 147, 188, 202
Basispulver, pinkfarbenes 45
Bast 133 f.
Benzoe 68, 77, 178
Beschwörungsbeutel siehe Zaubersäckchen
Betrüger 187 f.
Beutel siehe Zaubersäckchen
Beziehung, getrübte 137 ff.
–, neuer Schwung für die 159 f.
-en, berufliche 149 f.
-sprobleme 139
Bezwingungsöl 39
Bittersalz 88, 152 f.
Brotteig 53

Caffeinea 159
Cashewnüsse 85
Cayennepfeffer 47, 147, 185
Cerridwen 154
Copal 40
Couch-Potatoes, Zauber gegen 152 ff.
Crone 154
Cubebenbeeren 147

Damiana 43, 93, 147, 184
Date, Zauber für ein perfektes 135 f.

Demeter 154
Diamant 160, 162
Diana 141, 154
Dill 47, 433
Doppelender-Quarzkristall 160
Drachenblut 116
Drachenblutkraut 45
Drachenblut-Pulver 125
Drachenherz-Zauber 125
Dreiecke 62
Dreimasterblume 143 f.
Dusche, spirituelle 178

Echinacea 127, 148
Edelsteine 170
Ehemänner, untreue 111
Ehezauber 128 ff.
Ei 172
Eis 131
Eisenkraut 49, 80, 128 f., 184
Emotionen, Umgang mit 164 f.
Endivien 43
Engelwurz 30 f., 63, 195
Erzulie 115
Essig 160, 178, 180, 185

Färbemittel, blaues 112 f.
Federn 30, 70, 72, 107, 166, 192 f.
Fengshui 35
Festhalten der Liebe 125
Feuerzeugbenzin 187 f.
Fingerkraut 85, 185
Fische 205
Flieder 202
Florida-Wasser 131 f.
Flusskiesel 160
Freunde halten 119 f.
Freundschaftsstock 56 f.

Galangal 43, 147
Gänseblümchen 43 f.
Gardenie 40, 44, 202
Gartenraute 42, 116, 138 f.
Gartenwicke 202
Geißblatt 49
Geliebte/n, frühere/n wiederfinden 105 ff.
Geranien-Rosenöl 88 f.
Gerste 47
Gewürznelken 49, 59, 72, 112, 202
Ginseng 43, 93
Glücksmaß-Zauber 170 f.
Gotacela 93
Granatäpfel 157 ff.
Gurken 202

Has No Hanna Oil 151
Hathors Spiegel 51
Haustiere 82, 95, 173
Haustier-Zauber 82 ff.
Hekate 184, 188
Hera 154
Hibiskus 43
Holda, Frau 154
Honig 59, 77, 112, 121, 130, 154, 173, 175
Huflattich 42
Hyazinthe 116

Ich hab's nötig 94
Inas Liebesöl 50
Ingwer 45, 47, 116, 202
Iris 39, 202
Isis 104
Isopropylalkohol 178

Jahreszeiten-Liebeszauber 121 f.
Jasmin 40 f., 51, 202
Job-Probleme 168
Johanniskrautwurzel 149

Jungfrau 205
- Maria 154
Jupiter 44, 68, 126

Kaffee 159 f., 185
Kamille 44 f., 97, 168 f.
Kampfer 149 f.
Kardamom 43
Karneolsteine 160
Karotten 43
Kartenlegen für die Liebe 136 f.
Kartoffeln 152 f.
Kater-Trank 93
Katzenminze 97
Kaugummi 85
Kerzen, Liebeszauber mit 53 ff.
–, selbstgemachte 96 ff.
Kind, Liebeszauber für ein 117 f.
Kirschen 45
Klärung strittiger Punkte 137 ff.
Klee 42 f., 88 f., 138, 166, 202
Knete 53
Knoten 69
-zauber 86
Kolibri-Zauber 38
»Komm spring mich an«-Öl 48
»Komm spring mich an«-Zauber 146 f.
Kommunikationsprobleme 137
Komm-zu-mir-Öl 39
»Komm zurück zu mir«-Zauber 146
Königin-der-Liebe-Zauber 58
Kore 154
Koriander 116, 147, 134 f., 185
Körperflüssigkeiten 111
Korrespondenzen 20, 35, 91
Kräuter für Liebes-Zauberformel 115 ff.
Krebs 172, 205
Kreditkarten-Problem 151 f.
Kreis 101, 114, 177
– der Schönheit 76 f.
–, magischer 23
Kreuz, gleichschenkliges 31, 59, 64, 123
Kristall-Liebeszauber 113 f.
Kürbis 202

Labkraut 157 ff.
Ladesteine 39, 51, 85, 126 f., 140, 164
Lavendel 30 f., 40, 72, 88 f., 116, 127, 137 f., 142, 162, 184, 195, 202
Lebensmittelfarbe, rot 88 f.
Liebe abschütteln 177 ff.
– anziehendes Pulver, portugiesisches 46
– auflösen 183 f.
– erhalten 109 ff.
– heilen 183 f.
– heilendes Räucherwerk 137
– herunterziehen 32 f.
– reinigen 192 ff.
– und Romanzen, Hexenzeichen für 62 f.
–, allgemeine Hinweise 17 f.
–, Ausweitung der 126 f.
–, unsterbliche 154 f.
Liebesaltar 35 ff., 65, 71, 81, 93, 113, 135, 138, 143, 153, 160
-apfel-Zauber 72
-auge 125 f.
-garten 112 f.
-kräuter-Mischung 119
-laternen-Zauber 132 f.
-lied-Zauber 134 f.
-magnet-Badesalz 87 ff.
-perlen 114 f.
-plunder 124
-püppchen (siehe auch Puppe) 86 f.

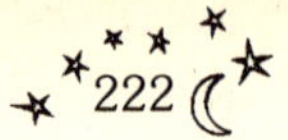

-schrein 35 ff.
-symbole, astrologische 205
-wein 65, 147 f.
Liebeszauber brechen 179 ff.
– der Schwarzen Madonna 104
– für Streuner 142 ff.
– für Verstorbene 95 f.
–, allgemeine Hinweise 18 f.
–, allgemeiner 47
Liebhaber, zurückgeschossener 181
Liebstöckel 39, 42, 51, 77, 147
Limonen 37, 178
Lindenblüten 142
Lorbeer 53 f., 80, 100 f., 126, 202
Lord Byrons Liebe anziehende Kräutermischung 42
Loslassen, allgemeines Ritual zum 195 ff.
Lover, unerwünschte 188
Löwe 69, 172, 205
Lustpulver 43
Lust-Räucherwerk 43

Magneten 39, 87 ff., 126 f., 140 f., 143 f., 164
Magnolienblätter 142
Mai-Liebeswasser 86
Maisöl 148
Majoran 47
Mandragona 40, 116
Maria mit dem Jesuskind 104
Mars 42, 44 f., 47 f., 159
Meersalz 30, 100
Merkur 42, 47 f., 68
Milch 121 f., 160, 185
Minze 43
Mistel 42
Mondphasen 20 f., 211 ff.
Mondstein 136
Morganas Aphrodite-Räucherwerk 152
Morganas Kräuter-Liebeszauber 40
Moschus 45, 116, 202
Myrrhe 137, 128 f.
Myrte 103, 164

Nächte, Zauber für lustvolle 120 f.
Narde 141
Narzisse 202
Nelken 44 f., 48, 117, 132, 152 ff.
Neroli 41, 117, 202
Netz der Liebe 63 f.
Neujahrs-Schneezauber zur Wiederbelebung einer alten Liebe 155 f.
Niemand liebt mich 164
»Nimm Notiz von mir«-Zauber 162 f.

Oliven 43, 63
Orangen 42, 59 f., 65, 79, 81, 112, 128 f., 132
Orchidee 44
Oshun 42, 59 f.
Osterglocke 44

Partner, herumstreunende 187
Passionsblume 130, 143
Patschuli 72, 89, 202
Patschuli-Öl 65, 74, 88, 95, 137
Pentagramm, bannendes 27 f.
–, beschwörendes 94, 167
Perfekter Liebster/Perfekte Liebste 90
Perfekter Partner, Ritual für den 100 ff.
Perlen 114 f., 165 f.
Persönlichkeitszauber 75
Petersilie 43
Petroleumlampe 132
Pfeffer 47, 147, 185, 187
Piment 48
Plan, spiritueller 19 ff., 26 ff.

Planetenstunden 206 ff.
Plätzchenteig 53
Pow-Wow, Liebespraktiken des 171 ff.
Puder 45, 47, 72, 85, 152 f.
Puppe (Püppchen) 86 f., 93, 157 ff.

Quarzkristalle 86, 113, 152 f., 162 f.
Quellwasser 30, 37, 128 f., 131, 156, 164
Quickies fürs Selbstwertgefühl 55

Räucherwerk, selbstentzündendes 68
Ray Malbroughs Verführungsöl 49
Reinigungsritual 68
Rettich 43
Ritualbad 157
Rosen 32 ff., 44, 48 f., 51, 70 f., 89, 121, 138
-blätter 152 f.
-blüten 50, 53 f., 68, 72, 88, 90, 97, 125, 137, 142, 152 f., 164, 173
-knospen 100 ff., 117, 120
-öl 37 f., 49, 65, 68
-quarz 80, 126 f., 136
-quarzkristalle 160 f.
-quarzsteine 123
Rosmarin 47, 127, 136, 142, 162
Rotwein 65, 147 f.
Rupfenpuppe (siehe auch Puppe) 157 ff.

Safran 43, 48
Sägepalme 93
Sägepalmenbeere 184
Salbei 77, 97, 178
Salz 30 f., 88 ff., 101 f., 112 f., 138 f., 152 f., 156
Sandelholz-Pulver 41, 137
Sanfte Brise für die Liebe 57 f.
Saturn 63, 186
Scheidung 192 ff.
Schnee 155 ff.
Schokoladendessert 142
Schokoladenfigur 126 f.
Schönheitsaltar 76
Schütze 205
Schwanen-Liebeswasser 29, 37
Schwarzwurzelblätter 126
Sechmet 168
Sekt 114
Selbst, wahres 11, 32
Selbstmitleid 91
Selbstwertaltar 76 f.
Selleriesamen 43
Sesam 43
Sexy-Sein 77
Shakespearscher Liebeszauber 66
Shayne, Maggie 135
Sieben-Tage-Liebeszauber 69, 77 ff.
Silbernes Hexenpulver 44
Skorpion 69, 205
Spiegel (siehe auch Zauberspiegel) 52, 60 f., 91, 146, 168
Spirale, heilige 194
spirituelle Bäder 77, 85, 93
Steinbock 205
Stier 69, 172, 205
Straßenverkehr, Schutz im 165 ff.
Streit 131 f.
Süßholz 43

Talente 170 f.
Tarotspiel 170
Taubnesseln 187
Thymian 47
Tiamat 125
Tiere 61, 82 ff., 173
Tigerauge 168 f.
Timing 19
Toilettenzauber 186 f.
Tonka-Bohnen 85, 202

Traum anziehendes Pulver 72
Traumgeliebter/Traumgeliebte 72 f.
Traumjob 84 f.

Umkehr-Kerze 181
Unsere Liebe Frau von Regla 104
Urin (siehe auch Körperflüssigkeiten) 180

Vanille 43, 47, 50, 88 f., 202
Veilchen 43, 113, 202
Veilchenwurzeln 39, 45, 47, 51, 77, 117, 128 f., 130, 143, 152 f., 166
Venus 39, 42 ff., 47 f., 59, 65, 68, 78, 80 ff., 87, 91, 157, 163, 169, 173
Venusöl 39
Verhaltensmuster, negative 63
Verstorbene 142
Vetivert 202
Visualisieren 15, 23 f., 89 f., 92, 140, 157, 165, 171, 175, 199
Volksheilmittel 184
Volksmagie 128, 130, 171
Volkszauber 110, 126
Volkszauber gegen Seitensprünge des Partners 140 ff.

Waage 57, 205
Waldlilie 39, 147
Wandelklee 149
Wasser, geweihtes 82, 131, 138, 196
Wassermann 57, 69, 205
Wassermelonen 70, 72
Weihrauch 132
Weintrauben 65
Weizenähren 85
Whiskey 149 f.
Widder 205
Wiesenampfer 85
Wiesen-Frauenmantel 91 f.
Wildblumenwurzel 97
Wochentage, Farben der 204
Wochentage, magische 203
Wogen glätten 130 f.

Yemaya 70, 104
Ylang-Ylang-Öl 41
Yohimbe 93
Yoruba-Göttin 115

Zauber brechen 184
Zauber der Bast 133 f.
Zauber, um den Griff klebriger Finger zu lockern 148 f.
Zauberdolch 65
Zauberei, Definition 15 ff.
Zaubersäckchen (Beschwörungssäckchen, Beutel) 43 f., 126 f., 136, 162, 184
Zauberspruch für die Liebe 103
Zaubertisch 100 f.
Zibet 202
Zimt 41, 43 f., 49, 59, 63, 77, 112, 154, 202
Zitronen 32, 37, 77, 131, 178, 185
Zitronengras 43
Zitronenkraut 184
Zitronenverbene 97
»Zu beschäftigt für die Liebe«-Zauberspruch 73
Zucker 43, 59, 65, 112, 128 f., 130
Zukunftszauber 60
Zwiebel 121 f., 142
Zwiebelschale 97
Zwillinge 57, 205